A CRISE DE 1929

BERNARD GAZIER

A CRISE DE 1929

Uma breve introdução

Tradução de Julia da Rosa Simões

L&PM/ENCYCLOPÆDIA

Bernard Gazier é professor de Economia na Universidade Paris I Panthéon-Sorbonne.

Texto de acordo com a nova ortografia.
Título original: *La crise de 1929*

Também disponível na Coleção L&PM POCKET: (2009)

Tradução: Julia da Rosa Simões
Capa: Ivan Pinheiro Machado. *Ilustração:* iStock
Preparação de original: Patrícia Rocha
Revisão: Elisângela Rosa dos Santos

CIP-Brasil. Catalogação na Fonte
Sindicato Nacional dos Editores de Livros, RJ

G254c

Gazier, Bernard, 1950-
　A crise de 1929 / Bernard Gazier; tradução de Julia da Rosa Simões. – Porto Alegre, RS: L&PM, 2023.
　136p. – 20 cm

　Tradução de: *La crise de 1929*
　Inclui bibliografia
　ISBN 978-65-5666-368-5

　1. Crise econômica - 1929 - Estados Unidos. I. Título.

09-0386.　　　　　　　　　　　CDD: 338.542
　　　　　　　　　　　　　　　CDU: 338.124.4

© Presses Universitaires de France, *La crise de 1929*

Todos os direitos desta edição reservados a L&PM Editores
Rua Comendador Coruja, 314, loja 9 – Floresta – 90.220-180
Porto Alegre – RS – Brasil / Fone: 51.3225.5777

Pedidos & Depto. comercial: vendas@lpm.com.br
Fale conosco: info@lpm.com.br
www.lpm.com.br

Impresso no Brasil
Inverno de 2023

Sumário

Introdução 7

Capítulo I
Os números da crise 11

Capítulo II
Encadeamentos 30

Capítulo III
Uma desestabilização geral do mundo ocidental 63

Capítulo IV
Explicações e interpretações 99

Conclusão 129

Bibliografia resumida 131

Introdução

"Nem todos morriam, mas estavam todos contaminados." Poderíamos aplicar à crise de 1929 este verso de La Fontaine. Como a peste, de fato, a Grande Crise dos anos 1930 foi um flagelo cego e generalizado: raros são os países ou grupos sociais poupados, e os mais fechados muitas vezes foram os mais atingidos. O desastre não partira dos Estados Unidos, o novo gigante industrial do mundo da época, gigante cujas perspectivas de desenvolvimento pareciam ilimitadas? O desmoronamento dos negócios foi primeiro uma questão de números e especialistas; o *crash* da Bolsa de Nova York (em outubro de 1929) foi acompanhado de longe pelo grande público, apesar dos suicídios de especuladores arruinados, atirando-se pelas janelas dos prédios de Manhattan, terem aparecido nas capas dos jornais. Enquanto se multiplicavam as falências e demissões, o pânico monetário e financeiro e as bancarrotas estatais, o primeiro plano da cena era ocupado por peritos governamentais e encontros diplomáticos. No entanto, pouco a pouco outra realidade foi se impondo: a de uma monstruosa desordem material e humana. Locomotivas brasileiras consumiam o café que não mais podia ser vendido nem mesmo a preços irrisórios, estoques se acumulavam, empresas fechavam suas portas; milhões de pessoas se viam sem emprego, portanto sem recursos e sem dignidade, na maioria das vezes sem proteção social, incapazes de pagar seus aluguéis, reduzidas à espera das distribuições gratuitas de alimentos e agasalhos, levadas ao despejo, à mendicidade, à revolta.

Essa penúria absurda explica sem dúvida o fato de ainda termos por esse período verdadeira obsessão, consciente ou inconsciente, no mínimo igual à inspirada pela eventualidade de um novo conflito armado mundial. "Ela" poderia recomeçar? Esse pequeno livro não tem a intenção de responder a essa pergunta. Ele pretende, na verdade, especificar esse "ela" e rever com atenção as convulsões do capitalismo no século XX.

Nos últimos anos, essa tarefa se tornou, em certo sentido, mais fácil: com o passar do tempo, os trabalhos especializados se multiplicaram, e o acúmulo de testemunhos e de análises no calor do momento é agora acompanhado por numerosos estudos histórico-econômicos fartamente documentados. É grande a tentação de examinar os acontecimentos à luz das contribuições recentes, que muitas vezes corrigem algum aspecto e apresentam em uma nudez objetiva e numérica o caso de 1929. Essa decantação, indispensável, é apenas uma primeira etapa para o autor deste trabalho; primeiro, porque ela não permite resolver a controvérsia sobre as causas da catástrofe, controvérsia que continua viva ainda hoje; segundo, porque a discussão assim exposta seria curta demais. Ela deixaria de lado outras dimensões de irrefutável importância. A crise de 1929 tem elementos e significações políticas, sociais, psicológicas e culturais... Por trás do New Deal de Roosevelt, da trágica ascensão do nazismo e das Frentes Populares, só para ficarmos na política, existe a afirmação de que um certo tipo de capitalismo faliu e de que uma barreira inadmissível foi transposta. O abalo foi não só material, mas também espiritual; sob esse ponto de vista, as contribuições dos testemunhos de época continuam sendo essenciais, principalmente em suas manifestações literárias e artísticas: relatos, fotos, filmes... Somente depois dessa exploração será possível fazer com propriedade a pergunta sobre as causas e a interpretação da Grande Depressão e iniciar uma confrontação com as certezas e incertezas do século XXI.

Capítulo I

Os números da crise

A crise de 1929 consistiu, acima de tudo, numa queda generalizada da produção em quase todo o mundo industrializado (com exceção da URSS e do Japão). Convém primeiro entendê-la a partir desse aspecto, utilizando para isso os grandes indicadores da atividade econômica, que são os índices de produção e de trocas comerciais, bem como as taxas de desemprego. Esses referenciais básicos serão o tema deste primeiro capítulo.

I. Uma formidável retração da produção: 1929-1933

Um exame prévio, simbólico, se faz necessário. A baixa da produção industrial se manifestara nos Estados Unidos no decorrer do ano de 1929. Mas o desencadeamento oficial da Grande Depressão aconteceu em 24 de outubro de 1929, com a queda repentina das cotações da Bolsa de Nova York, ao fim de uma expressiva ascensão iniciada em 1927, acelerada duas vezes e marcada por dois patamares, em junho-julho de 1928 e em abril-junho de 1929. Podemos seguir as oscilações das cotações no gráfico a seguir, que mostra a duplicação de um índice sintético entre 1926 e 1929, depois a queda inexorável, a um terço do nível de 1926, em 1932. As cotações se recuperam depois de 1935, para recuarem novamente em 1937-1938, quando surgem novas dificuldades econômicas próprias dos Estados Unidos.

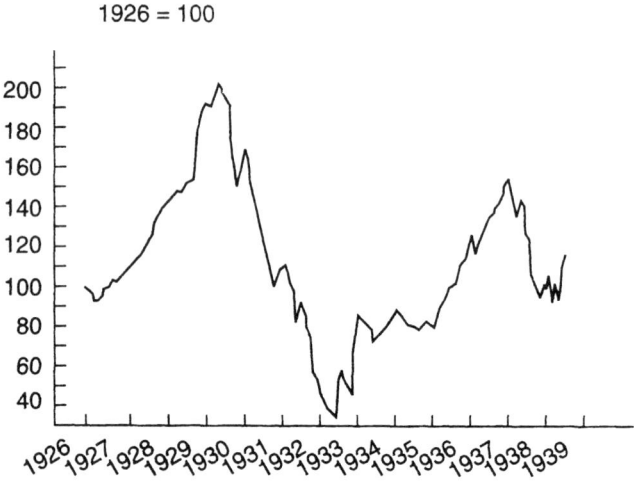

Figura 1 – Cotação das ações na Bolsa de Nova York entre 1926 e 1938. Índice "Standard Statistics" (base: 1926 = 100)

Os sinais quantitativos da queda durante o outono de 1929 são bastante conhecidos: depois de um máximo em 19 de setembro, as cotações começam a desmoronar em 3 de outubro, e a baixa se acelera depois do dia 14. A quinta-feira 24 de outubro ficaria conhecida nos anais bolsistas como a Quinta-Feira Negra: cerca de 13 milhões de ações trocam de mãos nesse dia, enquanto o volume usual de transações não passava de 4 milhões. Mas o pânico dura apenas o turno da manhã, pois intervenções maciças de banqueiros se passando por compradores fazem subir as cotações. O pânico se torna irremediável na terça-feira 29 de outubro – a Terça-Feira Negra – quando cerca de 16 milhões de ações são vendidas: a baixa das cotações é tão grande que anula de uma só vez as rápidas elevações dos doze últimos meses.

A evolução dos três anos entre 1929 e 1932, apesar de não originada em rupturas de 24 horas como esta, seria igualmente catastrófica. Enquanto o resto do mundo perdia seu interesse por Wall Street, a Bolsa de Nova York se limitava a refletir a queda dos negócios e da produção, como em quase todos os demais mercados financeiros.

Para quantificar as variações da produção, o indicador mais utilizado no entreguerras é o índice do volume da produção industrial, que se refere, suprimindo o efeito dos preços, à atividade das minas, da construção e da energia, de um lado, e das indústrias manufatureiras de outro (bens de consumo e bens de produção).

A seguir (Tabela 1), vemos essas oscilações nos países regularmente estudados na época, isto é, quase todos os países europeus, América do Norte, URSS e Japão. Na maior parte dos casos, o máximo observado antes da crise é encontrado em 1929 (que é o ano-base aqui); a Alemanha é uma exceção digna de nota, pois seu índice chega a 102 em 1927, passa por 99 em 1928 e volta a 100 em 1929. Os números falam por si: em 1932, a atividade industrial nos Estados Unidos é de 54, ou seja, reduzida à metade ou quase isso em relação a 1929; é de 53 na Alemanha, 61 na Áustria, 63 na Polônia, 64 na Tchecoslováquia... Alguns países se saem melhor: a URSS, em pleno processo de industrialização pesada, está fora do mundo e é um símbolo do dinamismo socialista da época; o Japão a segue após leve declínio. Os casos da Grécia e da Nova Zelândia são relativamente pouco significativos, dado o fraco papel da indústria nesses países. A França, por sua vez, acusa um leve atraso e só "chega ao fundo" em 1935, como os Países Baixos, embora menos afetados.

Tabela 1 – Oscilação da produção industrial em diferentes países
(1929 = 100)

País / Ano	1930	1931	1932	1933	1934	1935	1936	1937	1938
África: União sul-africana	107			100	124	144	167		
América: Canadá	85	71	58	60	73	81	90	100	90
Estados Unidos	81	68	54	64	66	76	88	92	72
Chile	101	78	87	96	105	120	124	132	137
México					106	134	141	147	
Ásia: Japão	95	92	98	113	128	142	151	171	173
Europa: Alemanha	88	72	58	65	83	95	106	116	124
Áustria	85	70	61	63	70	80	86	103	
Bélgica	89	81	69	72	73	82	87	96	80
Bulgária							148	143	155
Dinamarca	108	100	91	105	117	125	130	136	135
Espanha	99	93	88	84	85	87			
Estônia	99	91	78	82	96	106	120	139	145
Finlândia	91	80	83	96	117	125	139	156	156
França	100	89	77	83	78	76	80	83	79
Grécia	103	107	101	110	125	141	139	151	165
Hungria	95	87	82	88	99	107	118	130	126
Irlanda		102					143	146	
Itália	92	78	67	74	80	94	87	100	98
Letônia	109	89	82	112	130	137	143	161	175
Noruega	101	78	93	94	98	108	118	130	127
Países Baixos	102	96	84	91	93	90	91	103	104

País / Ano	1930	1931	1932	1933	1934	1935	1936	1937	1938
Polônia	88	77	63	69	77	83	93	109	118
Romênia	97	102	89	103	124	122	130	132	132
Reino Unido	92	84	83	88	99	106	116	124	116
Suécia	102	96	89	91	110	123	135	149	146
Tchecoslováquia	89	81	64	60	67	70	80	96	
URSS	131	161	183	198	238	193	382	424	477
Oceania: Nova Zelândia	106	104	109	113	112	121	129	126	
Mundo (sem a URSS)	86	75	64	72	78	86	96	104	93
Mundo (com a URSS)	89	79	70	78	86	96	111	119	112

A recuperação depois de 1932-1933 se dá de maneira dispersa. Enquanto algumas indústrias são logo recolocadas sobre os trilhos, como as da Europa setentrional, do Japão e dos raros países periféricos apresentados na tabela, algumas continuam desaceleradas, como em primeiro lugar nos Estados Unidos, no Canadá, nos grandes países industriais como a Alemanha, apesar da mobilização nazista, na França e nas demais nações europeias (Tchecoslováquia e Polônia). A situação da Grã-Bretanha é intermediária.

A melhora não está livre de recaídas: a crise de 1937-1938, evidente principalmente nos Estados Unidos (queda violenta do índice de 92 para 72), enfatiza a fragilidade da situação econômica capitalista no fim dos anos 1930.

Canadá, Bélgica, França, Itália, Noruega e Reino Unido são algumas das nações nitidamente afetadas.

A partir de 1938-1939, os problemas mudam de foco num mundo em rearmamento que começa a solicitar o potencial industrial e mobiliza a mão de obra com medidas cada vez mais autoritárias.

É preciso destacar, além da amplitude das variações globais, a extrema diversidade das evoluções de suas componentes. Aparece aqui apenas uma média anual nacional, que apaga tanto as variações mês a mês quanto os casos extremos de certas produções. O índice da produção de automóveis, por exemplo, ainda de 100 em 1929, em 1932 é de 26 na Alemanha, 26 nos Estados Unidos e 23 no Canadá. Há uma clara oposição entre os bens de produção (máquinas, ferro e aço, cimento etc.) e os bens de consumo (têxteis, alimentação etc.). Os últimos quase sempre resistem melhor a crises. Em 1932, por exemplo, o índice americano dos bens de produção estava em 27,3, e o dos bens de consumo, em 76. Os números alemães correspondentes eram 34 e 79.

Essas medições feitas na época são completadas por cálculos posteriores: primeiro do Produto Interno Bruto (PIB), que acrescenta à indústria as produções da agricultura e dos serviços. O lugar da agricultura varia de país a país, mas a atividade do setor segue suas próprias evoluções conjunturais: uma colheita é boa ou ruim dependendo da meteorologia e da técnica de cultura, não do estado dos negócios. Já o setor terciário – serviços, comércio, etc. – é caracterizado por certa inércia. Assim, as estimativas feitas hoje em dia sobre o PIB revelam oscilações menos acentuadas do que as da produção industrial (ver Figura 2).

Adotamos aqui a base de 1913 = 100 para enfatizar um fenômeno que não aparece nas estatísticas que têm como base 1929 = 100: a enorme disparidade de crescimento durante os anos 1920. Dessa forma, compreenderemos melhor, por exemplo, em que sentido a Grã-Bretanha é um caso particular: o fraco recuo de sua produção industrial (que chega a um mínimo de 83 em 1932) sucede ao marasmo generalizado de 1920 a 1930. O contrário acontece com a França: dinamismo de 1920 a 1930, marasmo depois disso.

O mínimo americano aparece agora em 1933 e corresponde a uma queda de 30% em relação a 1929. A retração alemã é de apenas 16%. Quase todos os velhos países europeus partem de um nível muito baixo no início dos anos 1920: as

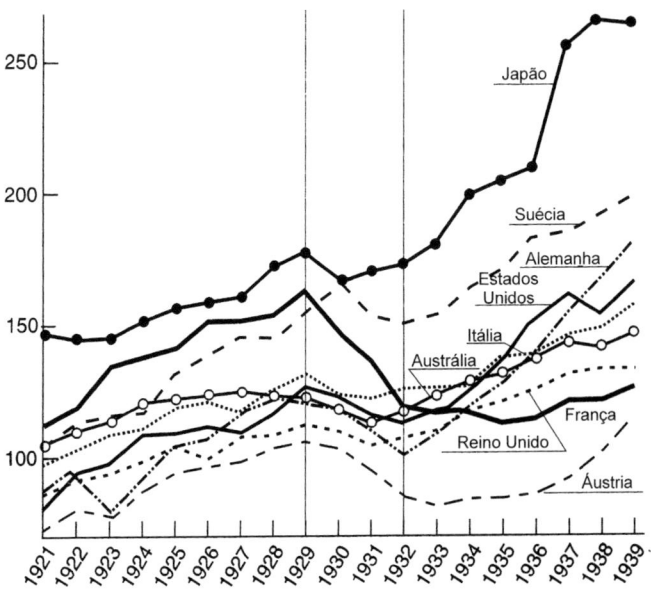

Figura 2 – Volume do PIB de alguns países entre 1921 e 1939
(base: 1913 = 100)

destruições da Primeira Guerra pesam muito sobre suas economias, contrastando com o dinamismo sueco e japonês.

As dificuldades de 1937-1938 não passam de uma fase intermediária, exceto para os Estados Unidos. A rápida ascensão das potências do Eixo (Alemanha, Itália e Áustria) é patente desde essa data: percebemos nisso também a economia de guerra.

Outros números precisam ser examinados: os dos investimentos.

Tabela 2 – Investimentos em alguns países
de 1925 a 1938 (em % do PIB)

	Alemanha	França	Itália	Suécia	Reino Unido	Canadá	Estados Unidos
1925	13,7	15,2	18,9	11,4	9,1		19,3
1926	13,6	15,2	19,2	11,8	8,4	15,7	19,2
1927	14,6	14,7	17,5	11,6	8,7	17,4	18,8
1928	14,5	17,5	16,7	12,4	8,9	19,2	18,4
1929	12,7	18,3	17,2	12,7	8,8	21,9	17,6
1930	11,8	20,8	17,6	13,4	8,9	20,1	15,9
1931	8,9	19,1	15,8	14,3	8,5	17,1	13,0
1932	7,5	16,4	13,3	12,1	7,3	11,6	9,3
1933	8,7	15,7	14,4	11,0	7,2	9,1	8,8
1934	12,3	14,6	15,6	13,8	8,6	10,1	10,5
1935	15,1	14,7	17,1	16,2	9,1	11,4	11,3
1936	16,1	15,3	18,5	16,5	9,9	12,3	14,5
1937	17,0	15,6	16,9	18,7	10,6	15,4	14,8
1938		13,4	15,9	18,9	11,5	14,3	14,0

Fontes: MADDISON. *Economic Growth in the West*. London: Allen & Unwin, 1964; Carré, Dubois, Malinvaud, *La croissance française*, Le Seuil, 1972, para os números franceses.

Essas são as avaliações anuais de alguns países em porcentagem do PIB (Tabela 2). Não convém comparar os níveis nação por nação: eles podem refletir diferenças não só no esforço de produção, mas também nas práticas contábeis. Lembremos as baixas já constatadas do PIB; as porcentagens, em baixa entre 1930 e 1932, demonstram a que ponto as despesas que asseguravam o futuro foram sacrificadas. Trata-se de taxas *brutas*: ou seja, que comportam a renovação das instalações deterioradas.

Levando-se em conta o envelhecimento natural dos equipamentos, podemos supor que inúmeros países se contentaram em substituir, nem sempre completamente, as máquinas descartadas. Três curvas são espetaculares: Estados Unidos, Canadá e Alemanha. Podemos deduzir, em sentido inverso, certa manutenção das despesas de consumo (sujeitas à evolução das importações e exportações e das movimentações de estoques).

II. Queda geral dos preços, marasmo e desmantelamento do comércio mundial

Os dados que acabamos de apresentar são de volume, ou seja, o efeito das altas e baixas de preços é neutralizado na hora do cálculo. Porém, os números observados diretamente são de valor e também variam em função dos preços. Estes últimos baixam no mundo inteiro, em geral depois de 1925-1926. O próximo gráfico (Figura 3) demonstra isso nos preços do varejo, isto é, nos preços ao consumidor (base 100 em 1914). O fenômeno, apesar das aparências, é de amplitude similar em todos os países apresentados: entre 1929 e 1932, os preços baixaram 17% no Japão, 18,6%

nos Estados Unidos, 12% na França (a baixa se prolongaria até 1935, chegando a 29%), 21% na Itália e na Alemanha, 14% na Grã-Bretanha e apenas 2% na Áustria. A diferença observada entre França e Itália, de um lado (países aos quais poderíamos acrescentar Bélgica e Finlândia, por exemplo), e as demais nações, do outro, se deve ao considerável surto inflacionário que se seguiu à Primeira Guerra Mundial e que não foi estancado. Os casos alemão e austríaco de-

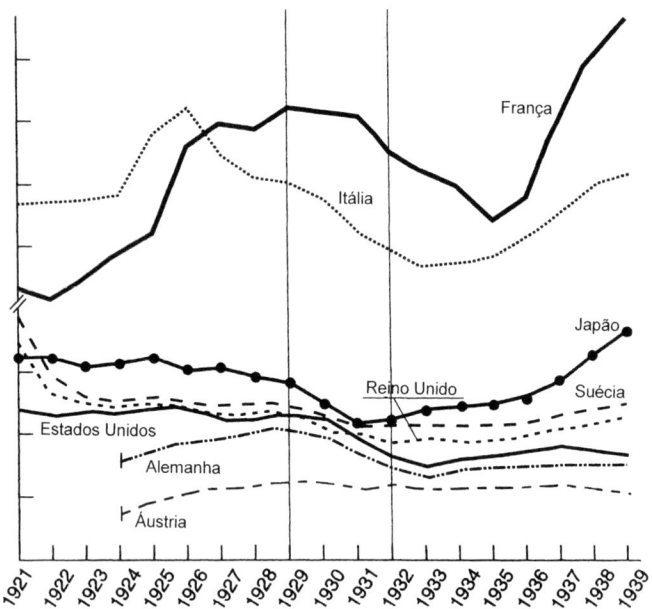

Figura 3 – Índice dos preços ao consumidor em alguns países de 1921 a 1939 (base: 1914 = 100)

Fonte: MADDISON, *Les phases du développement capitaliste*. Paris: Econômica, 1981. Devido à hiperinflação de 1921-1923, os índices alemães e austríacos começam 1924 corrigidos na base pelas cotações do ouro.

vem ser considerados à parte: a hiperinflação de 1922-1923 que atingiu os dois países levou a Alemanha a um índice de 14.602 em 1922 para 15.437 bilhões em 1923... É por isso que seus índices só aparecem a partir de 1924, com novas moedas, corrigidos à base 100 por intermédio de preços com lastro em ouro.

Resultados mais contrastantes ainda aparecem no exame das estatísticas dos preços do atacado – tanto em momentos de alta quanto de baixa –, pois estes, referindo-se a mercadorias acima da rede de distribuição aos consumidores, não incorporam os impostos fixos e logo refletem as flutuações das cotações de matérias-primas, que baixaram muito, justamente depois de 1925-1926.

Alguns valores aproximados: entre 1929 e 1933, os preços de atacado definidos em moeda nacional baixaram 32% na Grã-Bretanha, 34% na Alemanha, 37% na Itália, 38% na França e 42% nos Estados Unidos.

Consequentemente, os números *observados* na produção e os rendimentos são muitas vezes mais extraordinários do que os dados corrigidos das oscilações de preços, pois nos anos 1929-1933 duas baixas se superpõem e se reforçam; no caso da produção, ocorre a da atividade "real" e a do valor nominal dos produtos. O valor aproximado da retração passa facilmente de 30% a 50%: o PNB[1] dos Esta-

---

1. O Produto Nacional Bruto difere do Produto Interno Bruto, pois leva em conta as receitas líquidas dos rendimentos dos fatores de produção provenientes do exterior (rendimentos de fatores de produção provenientes do resto do mundo menos os rendimentos de fatores de produção pagos ao resto do mundo). Esses indicadores estão muitas vezes bastante próximos um do outro. (N.A.)

dos Unidos, por exemplo, em dólar corrente, é avaliado em 104,4 bilhões para 1929. Em 1933, não passa de 56 bilhões.

Em alguns países, a crise se manifesta, portanto, numa diminuição à metade dos grandes indicadores nominais da produção e da receita nacional.

A transformação do comércio internacional é mais surpreendente ainda: em bilhões de dólares-ouro, a retração das importações de 75 países, calculada pela Liga das Nações, vai de um máximo de 3,04 bilhões em abril de 1929 a um mínimo de 0,944 bilhão em fevereiro de 1933, ou seja, uma baixa de 69%. Uma ilustração eficaz e famosa da inexorabilidade do fenômeno é o diagrama em espiral estabelecido em 1933 pelo Instituto Austríaco de Pesquisas sobre a Conjuntura e retomado pela Liga das Nações (Figura 4). Quando suprimido o efeito da baixa dos preços, a queda, ao invés de ser de dois terços, não passa de 25%. Esse número global de volume não é suficiente, no entanto, para caracterizar a evolução das trocas. A análise de quatro pequenos gráficos estabelecidos pela Liga das Nações permite especificar alguns pontos essenciais (ver Figuras 5 e 6). O primeiro contrapõe, no mundo inteiro, três índices de base 100 em 1929: o do volume de comércio mundial, o da produção industrial e o da produção de base, isto é, a produção agrícola e as matérias-primas, brutas ou semimanufaturadas. A comparação desses três índices leva a situar a queda das trocas mundiais *entre* a fortíssima retração industrial e a resistência das produções de base: o que não é muito surpreendente, na medida em que esses dois tipos de produção são alvo de transações internacionais.

	1929	1930	1931	1932	1933
I	2,997 7	2,738 9	1,838 9	1,206 0	0,992 4
II	2,630 3	2,454 6	1,700 5	1,186 7	0,944 0
III	2,814 8	2,563 9	1,889 1	1,230 4	1,056 9
IV	3,039 1	2,449 9	1,796 4	1,212 8	
V	2,967 6	2,447 0	1,764 3	1,150 5	
VI	2,791 0	2,325 7	1,732 3	1,144 7	
VII	2,813 9	2,189 5	1,679 6	0,993 7	
VIII	2,818 5	2,137 7	1,585 9	1,004 6	
IX	2,773 9	2,164 8	1,572 1	1,029 6	
X	2,966 8	2,300 8	1,556 3	1,090 4	
XI	2,888 8	2,051 3	1,470 0	1,093 3	
XII	2,793 9	2,095 9	1,426 9	1,121 2	

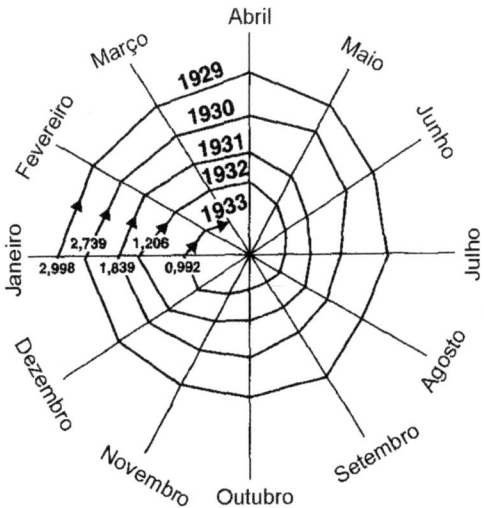

Figura 4 – A espiral da retração do comércio mundial de janeiro de 1929 a março de 1933. Valores mensais em bilhões de dólares-ouro das importações de 75 países. Fonte: Liga das Nações.

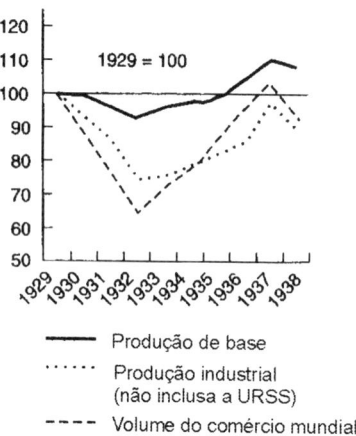

— Produção de base
····· Produção industrial (não inclusa a URSS)
---- Volume do comércio mundial

Figura 5 – Variação anual da produção mundial e do comércio mundial

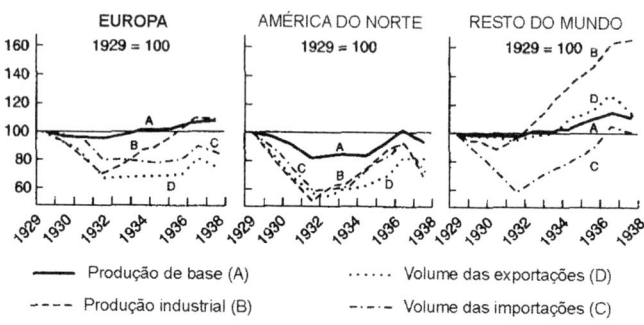

— Produção de base (A)   ····· Volume das exportações (D)
---- Produção industrial (B)   -·-·- Volume das importações (C)

Figura 6 – Variação anual das trocas comerciais e da produção na Europa, na América do Norte e no resto do mundo (com exceção da URSS).

Depois de 1932, a viva recuperação da indústria e a retomada dos produtos de base se opõem ao longo marasmo das trocas comerciais, tardiamente reativadas em 1936. A recaída de 1937-1938 é comum aos três índices, mas em

1938 uma forte recuperação industrial – que não aparece no gráfico – é concomitante a uma estagnação comercial. Essa evolução fica mais clara quando retornamos aos mesmos índices fazendo uma distinção de três grandes zonas – a Europa (50% do comércio mundial), a América do Norte (18%) e o resto do mundo (países novos ou coloniais) – ao lado de mais dois índices para as trocas em volume, um para as exportações, outro para as importações. De fato, constatamos situações muito diferentes nos três grupos. Na Europa, o nível das trocas exteriores fica estagnado a um nível 20% inferior ao de 1929. Na América do Norte, as oscilações, bastante acentuadas, estão calcadas nas da produção industrial, que acusa uma baixa profunda e não volta ao patamar de 1929. No resto do mundo, uma rápida subida industrial eleva de certa forma as exportações acima do nível 100 já a partir de 1934.

Apenas apontando, por enquanto, o dinamismo dos países periféricos, precisamos destacar dois pontos. O primeiro é que o restabelecimento industrial europeu se dá sem um restabelecimento apreciável das trocas comerciais: a máquina econômica volta a funcionar depois de 1932, mas não envolve o comércio mundial; é antes o efeito de recuperações nacionais seguidas de bloqueios alfandegários que examinaremos mais adiante. O segundo ponto é um pouco mais delicado. O afastamento constante entre os índices de exportações e de importações, em todos os casos, é favorável aos dois primeiros grupos – pois mostra uma menor redução das importações – e muito desfavorável ao último, para o qual o índice das exportações está muito acima ao das importações. A explicação para essas distorções deve ser buscada primeiro na evolução comparada dos preços dos produtos exportados ou importados, o que chamamos de termos de troca. Podemos opor a estabilidade dos preços industriais (as exportações da Europa e da América do Norte se referem massivamente a produtos manufaturados; as exportações da periferia dizem respeito acima de tudo a matérias-primas) à queda dos preços das produções de base. Sem dúvida, as oscilações de capitais e os acordos entre os países tiveram seu papel. As relações comerciais entre colônias e metrópoles resultavam, em larga medida, de decisões administrativas e políticas.

Seja como for, o que destacamos aqui é a defasagem pronunciada entre trocas externas e produção, principalmente na Europa depois de 1932, o que confirma o aumento do isolacionismo em favor dos países industrializados; no terreno internacional, não se "joga mais o jogo". Uma das palavras-chave dos anos 1930 foi autarquia; apesar de os esforços nessa direção definitivamente não terem vingado, ei-la aqui decifrada.

III. O desemprego

Foi com afobação que os responsáveis políticos, administrativos ou sindicais estabeleceram e mediram o avanço do desemprego. Os números que apresentamos para alguns países industrializados são todos reavaliações. Eles se referem à porcentagem total de desempregados na população ativa (em idade de trabalhar e desejosa de fazê-lo; ver Figura 7). Se antes se falava em taxas superiores a 30%, é porque estas eram referentes ou a situações locais e não nacionais (tal cidade ou tal região), ou a ramos produtivos específicos (o exemplo fundamental é o da mão de obra industrial). Mas essas taxas corrigidas não minimizam as dificuldades de 1929 a 1933.

Primeiro, porque uma taxa *global* que ultrapasse 15% é enorme, num mundo onde a população ativa rural continua considerável e não registra desemprego – mas bastante miséria – e onde a proteção social é quase sempre inexistente. O número absoluto de desempregados nos Estados Unidos teria se aproximado de 11-12 milhões em março de 1933 para uma população total de 126 milhões.

Segundo, porque as avaliações foram feitas sobre uma base incompleta: a tendência natural da época era definir o desempregado como a pessoa que perdera seu emprego (definição em retrospecto, de certa forma), o que levava a uma visão restritiva que excluía da contagem do desemprego os jovens candidatos a primeiro emprego, sem falar das mulheres. Portanto, foram excluídos da população ativa, e consequentemente da contagem de desempregados, os trabalhadores potenciais que enfrentavam dificuldades de emprego.

Os números apresentados aqui são avaliações mínimas.

O caso francês é quase caricatural sob esse ponto de vista: os dados são incertos e, de qualquer forma, muito baixos. Entre os dois recenseamentos de 1931 e 1936, levando-se em conta as variações da imigração e da demografia, o número de empregos oferecidos na economia baixou mais de 1 milhão, enquanto o número de desempregados só aumentou em 500 mil! Uma explicação verossímil é que inúmeros jovens trabalhadores sem emprego ou, pelo contrário, com mais de 55 anos, foram excluídos da contagem

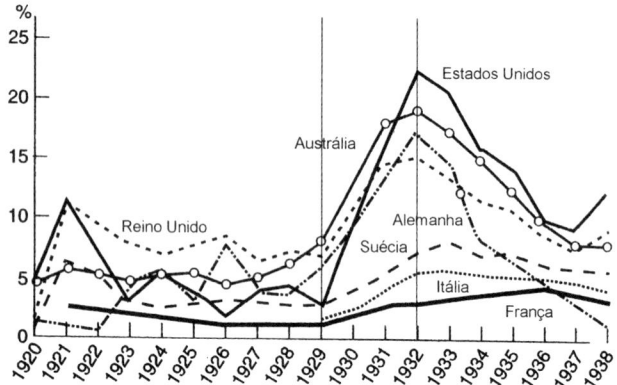

Figura 7 – Taxa de desemprego em alguns países de 1920 a 1938 em % da população ativa. Fonte: MADDISON, 1981, *op. cit.*

da população ativa – e, portanto, do desemprego. A hipótese de uma "volta ao lar" feminina maciça parece, por outro lado, menos fundamentada. Dois elementos teriam conjugado seus efeitos para minimizar a avaliação do desemprego francês: a uma economia menos nitidamente industrializada do que nos outros grandes países do entreguerras teriam respondido práticas estatísticas restritivas.

O que surpreende no aumento do desemprego no período de 1929-1932, além de sua amplitude, é que ele não é seguido por uma nova queda simétrica, com exceção da Alemanha. Nos Estados Unidos, principalmente, a onda leva tudo o que vê pela frente e não acaba de todo: o *mínimo* de 1936 continua no nível de 10% da população ativa, o que está na mesma ordem de grandeza que o *máximo* da crise de 1921! O mundo dos anos 1930 vive a manutenção de grandes taxas de desemprego: o triste privilégio inglês dos anos 1920 se generaliza.

As médias nacionais compensam as grandes disparidades. Há uma geografia do desemprego. Bastará um exemplo aqui, o da Grã-Bretanha, cujo norte, de longa data industrializado (Manchester, Newcastle...), é muito mais atingido do que o sul, predominantemente rural.

Um exemplo das diferenças por profissão é encontrado nos números de W. Woytinski, sindicalista alemão e perito da Organização Internacional do Trabalho: em junho de 1932, segundo as avaliações dos sindicatos alemães, 47% de seus associados estavam desempregados no setor metalúrgico, 77% dos carpinteiros, 50% dos vidraceiros, 33% dos químicos[2]...

Uma última série de considerações se faz necessária: da redução autoritária de horas, com a baixa correspondência de salários, à suspensão temporária, o desemprego parcial foi inevitável para inúmeros trabalhadores. Essa realidade multiforme é quase impossível de quantificar. Um vestígio eloquente, no entanto, pode ser encontrado na confrontação de dois índices: o dos ganhos horários e o dos ganhos semanais. No caso americano, por exemplo, na indústria, de 1929 a 1933, os primeiros baixaram 20%, e os segundos, 45%, o que enfatiza tanto a redução da duração média do trabalho quanto seu impacto sobre os operários: mais que uma partilha do trabalho, como diz a terminologia atual, se tratava de uma partilha do desemprego. E a diminuição do tempo de trabalho constatada no período precede ironicamente a civilização do lazer que alguns previam nas sociedades industriais desenvolvidas.

---

2. WOYTINSKI, W. *Les conséquences sociales de la crise*. Genève: OIT, 1936, p. 155. (N.A.)

Capítulo II

Encadeamentos

I. A instabilidade capitalista do entreguerras

É preciso evitar o ponto de vista retrospectivo que consistiria em "escurecer" o período inteiro à sombra de uma fatalidade sinistra: sobretudo no início, muitas pessoas viam na reviravolta da conjuntura de 1929 um fenômeno normal e no *crash* da Bolsa e nas falências, um fenômeno moral.

A queda de 1928-1929 nada tinha de excepcional, ou melhor, respeitava a cronologia familiar das importantes crises que haviam acontecido ao longo do século XIX, mais ou menos a cada oito ou dez anos. No caso, a crise de 1920-1921, marcada por um importante recuo da produção industrial em todos os países desenvolvidos (baixa de 32% nos Estados Unidos entre março de 1920 e julho de 1921), precedera a de 1929.

Da mesma forma, a multiplicidade de experiências anteriores mostrava que as Bolsas de Valores podiam às vezes amplificar esperanças ou temores.

Assim, durante a crise de 1921, para ficarmos nela, dois colapsos da Bolsa haviam acontecido: no Japão e nos Estados Unidos. Porém, o indicador essencial das reviravoltas conjunturais era o índice dos preços de atacado, sendo que sua baixa assinalava a iminência da desaceleração, e sua alta, as perspectivas de recuperação. O desemprego parecia a contrapartida inevitável da retração, e as intervenções estatais visavam a acompanhar essas evoluções consideradas naturais.[3]

Esta era, em resumo, a experiência dos países capitalistas em matéria de flutuações econômicas. Os acontecimentos que se seguiram a 1929 se afastaram enormemente desse esquema.

1. A especulação da Bolsa

O *crash* de Wall Street, apesar de seu caráter espetacular, não surge como uma inovação demoníaca ou um raio anunciando o dilúvio num céu azul. A maioria das Bolsas europeias evoluíam em baixa desde 1928. Terá sido a especulação a orgia muitas vezes denunciada posteriormente? Alguns destacaram, para estigmatizá-la, a prática dos *call loans*, que permitia especular-se sobre ações pagando apenas 10%. O mecanismo é simples: o comprador cobre 10% do preço da ação e toma um empréstimo de 90% com o agente de câmbio; este último obtém a quantia junto aos bancos, tomando empréstimos de dinheiro diariamente (*on call* em inglês, *reports* em francês). Suponhamos uma ação que valha 100; o comprador adianta 10 e o corretor 90, emprestados por um banco. Se as cotações subirem, digamos, até 110, é possível revender sua ação com um ganho de 10, dividido entre o corretor e seu cliente. Depois tudo recomeça...

Essa técnica de compra "à margem" foi bastante utilizada em 1928-1929, e os empréstimos aos *brokers*, isto é, aos corretores, evoluíram de maneira rápida: de 4 bilhões de

---

3. Sobre as crises econômicas, consultar GILLES, Philippe, *Histoires des crises et cycles économiques*. Paris: A. Colin, 2004. (N.A.)

dólares em 31 de dezembro de 1927 para 7 bilhões em 30 de junho de 1929 e 8,5 bilhões em 4 de outubro de 1929, o primeiro dia de queda, para voltar a cair ao nível de 4 bilhões em 31 de dezembro de 1929.

A amplitude da especulação não deixa dúvidas. Ela exercia uma forte pressão sobre o sistema financeiro internacional, de maneira considerável em Londres, atraindo para Nova York os capitais estrangeiros que serviam para comprar diretamente ações ou financiar as sociedades de investimento ou os *call loans*; podemos comparar os 8 bilhões de dólares ao total da massa monetária americana em 1929, estimada em 46 bilhões de dólares, mas ela em nada constitui uma novidade no plano técnico: as compras "à margem" já haviam sido praticadas em grande escala na França, por exemplo, em Lyon, durante o *boom* especulativo que levara ao *crash* da União Geral em janeiro de 1882. As estimativas retrospectivas de 1934 autorizam a especular que de 1,5 milhão de pessoas que possuíam títulos na Bolsa de Nova York, cerca de 600 mil praticavam as compras "à margem" em 1929. É evidente que se trata de um número considerável, mas não permite dizer que a especulação americana foi um fenômeno de massa generalizado.

A queda das cotações iniciada em 3 de outubro de 1929 arruinou, portanto, inúmeros especuladores e colocou em dificuldades inúmeros bancos, pois o mecanismo de *call loans* só funciona sob uma condição: é preciso que as cotações subam. De início, o bom andamento dos negócios permite antecipar grandes dividendos e, por isso, estimula as trocas de ações, cujos preços sobem; depois, o mercado perde de vista os dividendos à medida que a evolução das cotações permite a obtenção de ganhos através de compras e revendas. Foi esse o caso em 1929, quando as tentativas das autoridades monetárias de encarecer o crédito elevando a taxa de desconto – política tradicional em caso de estimulação do crédito ou dos negócios – não puderam interromper o movimento. Houve uma alta de 6 a 9% na taxa de desconto do Federal Reserve Bank de Nova York[4] em agosto de 1929. O efeito global dessa alta foi ambíguo: ela deveria restringir o crédito nos Estados Unidos, mas também reforçar a atração de capitais estrangeiros. O mercado continuou com seu dinamismo. O desmoronamento era inevitável. Como muitas vezes foi observado, a euforia característica do *boom* especulativo é em si reveladora de uma escalada efêmera, pois a contrapartida real das ações – usinas, máquinas, estoques de mercadorias – era negligenciada. O desvio dos fundos e da atenção fica à mercê de um sintoma catalisador e aparentemente anódino; basta que alguns grandes acionistas comecem a vender e se retirem do mercado, por qualquer pretexto que seja, para imobilizar a alta. A baixa atrai a baixa, e cada um tenta salvar sua parte com vendas que precipitam o desmoronamento e, portanto, a perda de tudo. Em 1929, o pretexto da derrocada nova-iorquina foi a falência fraudulenta, em 20 de setembro, em Londres, de um empresário que vivia de expedientes, Clarence Hatry, e que constituíra um império controlando acessórios fotográficos, caça-níqueis e diversas sociedades financeiras.

Um mito precisa ser desvendado: os suicídios de Wall Street. Os jornais londrinos parecem ter sido os primeiros

---

4. Uma das doze divisões regionais do Banco Central americano. (N.E.)

a evocar a famosa imagem de capitalistas arruinados despencando das janelas dos prédios de Manhattan no colapso que deixava à flor da pele os nervos dos especuladores e dos corretores obrigados a trabalhar à noite para operar as transações. O economista americano J.K. Galbraith deitou por terra essa lenda, constatando que ela não tem base estatística que a comprove. Houve suicídios, sem dúvida, em 1929, mas em média menos do que durante os anos entre 1930 e 1933. Em seu livro *La crise économique de 1929* (ver bibliografia), ele sugere a seguinte atmosfera: "Dizia-se que os empregados de hotel em Nova York perguntavam aos clientes se desejavam um quarto para dormir ou para pular. Dois homens saltaram, de mãos dadas, de um andar do *Ritz* – tinham uma conta conjunta" (p. 151). É provável que alguns gestos espetaculares de desespero tenham ido ao encontro de uma expectativa coletiva de justiça; os anos 1930 viram o florescimento nos Estados Unidos de inquéritos parlamentares sobre as práticas da Bolsa, livros de denúncia, condenações de bodes expiatórios e legislações restritivas, por exemplo, aos *call loans*.

2. Tensões e desordens internacionais

Se tomamos distância dos acontecimentos da Bolsa – algo que a cronologia convida a fazer, já que a produção industrial declinava nos Estados Unidos desde o verão de 1929 –, somos levados a enfatizar a instabilidade global do entreguerras. Nenhuma medição permite verificar diretamente essa afirmação. No entanto, a maior parte dos dados sobre os ritmos conjunturais mundiais desde o século XIX revelam desvios mais fortes de 1918 a 1939 do que durante outros períodos. Além disso, as evoluções da produção ou das trocas, em alta ou em baixa, são notavelmente discordantes entre os países, enquanto o período de 1870-1913, por exemplo, apresenta uma sincronização muito maior.

Essa instabilidade e essa desunião se desenvolveram a partir do fim do primeiro conflito mundial. Duas modalidades essenciais convidam a um breve exame: sistema monetário e financeiro internacional frágil; tensões e saturações em inúmeros mercados.

O problema monetário era o seguinte em 1918: depois de anos de cursos forçados, de controle de capitais e de penúrias inflacionistas, como voltar à liberdade de comércio? O mecanismo internacional que vigorava antes de 1914 era o do padrão-ouro. Este ligava as diferentes moedas entre si através de seu peso em ouro definido de forma fixa; as moedas eram portanto convertíveis em ouro, e o metal, que circulava a público, podia ser importado e exportado livremente. A Conferência Internacional de Gênova, em 1922, sanciona um sistema diferente, o do padrão de câmbio-ouro (*gold exchange standard*), estabelecido pouco a pouco a partir de 1918. As necessidades de reconstrução e retomada do comércio internacional levaram a uma conservação da referência em ouro; porém, devido à sua raridade e à sua distribuição desigual, a uma referência em segundo grau: a moeda de cada país não mais ficava diretamente ligada ao ouro, mas a uma moeda fundamental, definida e convertível em ouro. Os créditos em países de moeda "central", como se dizia, as reservas cambiais, substituem o ouro em quase todos os países. Houve duas moedas centrais, a libra esterlina e o dólar, que alargam a base das trocas internacionais. O ouro, em si, não circula mais e adquire um papel de reserva nacional ao lado das reservas cambiais. Podemos perceber a vulnerabilidade desse sistema bipolar que confirma o enfraquecimento britânico e a ascensão ainda hesitante dos Estados Unidos: a regulação internacional depende do controle e da coordenação de dois centros e da confiança dos demais países.

O sistema também foi iniciado em meio a uma grande confusão: as vicissitudes das inflações do pós-guerra (e das hiperinflações na Alemanha, na Áustria, na Hungria e na Polônia de 1922 a 1926) levaram a redefinições das moedas europeias em relação ao ouro, ou umas em relação às outras, totalmente heterogêneas e segundo um calendário discordante.

Esse *patchwork* monetário foi acompanhado, nos anos 1920, de importantes tensões financeiras que encontraram apenas soluções provisórias e de curtíssimo prazo. De fato, a liquidação da guerra implicou duas séries de compensações, seguindo modalidades complexas. De um lado, o reembolso das dívidas de guerra; de outro, a delicada questão das reparações que a Alemanha deveria pagar por ter perdido o conflito. Os dois fatores estão interligados: primeiro, porque acaba se estabelecendo uma cadeia, com os pagamentos alemães servindo para regular ou compensar as dívidas entre os aliados; segundo porque outros empréstimos são necessários para o financiamento dos pagamentos alemães – que logicamente viriam dos Estados Unidos, promovidos a credores em última instância do mundo europeu. Daí a simultaneidade, durante os anos 1920, do progressivo escalonamento das indenizações alemãs (Plano Dawes, de 1924; Plano Young, de 1929) e de uma série de acordos que reduziram massivamente as dívidas entre os aliados. A

Conferência de Lausanne, em 1932, anularia reparações e dívidas de guerra no auge da crise.

Nem tudo foi pago, bem pelo contrário (dos 132 bilhões de marcos-ouro exigidos dos alemães, por exemplo, 22,5 bilhões foram efetivamente restituídos), mas o que chama a atenção aqui é a fraqueza da posição das nações devedoras: uma maciça dívida de longo prazo pesa sobre suas economias, e elas são obrigadas a recorrer cada vez mais a capitais de curto prazo para equilibrar o sistema. Na ausência de uma organização financeira internacional (o Banco de Compensações Internacionais data de 1930), as nações estão sujeitas à boa vontade bancária, em especial a americana. Essas contribuições *privadas* são voláteis, e seu término pode levar a bancarrotas puras e simples. Foi construída, portanto, uma estrutura muito vulnerável. Apesar de o problema dominante ter sido o das dívidas de guerra, a análise pode ser estendida para levar em conta, ao mesmo tempo, a dimensão monetária e a dimensão financeira. As reservas cambiais são créditos de curto prazo e dependem do grau de confiança que lhes é atribuído: o bom funcionamento das trocas internacionais como um todo dependia da manutenção de uma confiança que facilmente poderia desaparecer.

A situação dos grandes mercados internacionais de matérias-primas, de produtos agrícolas e industriais também era tensa e precária durante os anos 1920. De fato, ao acelerar o declínio da porção europeia da produção mundial, a Grande Guerra praticamente interrompeu as exportações dos beligerantes – em 1913, a Inglaterra, a Alemanha e a França exportavam juntas 60% dos bens manufaturados do mundo. Consequentemente, todo um processo de desenvolvimento das contribuições americanas e japonesas, entre outras, foi iniciado para prover os antigos clientes da Europa. Essa substituição ainda ocasionou um período de avanço agrícola de países novos. As metrópoles europeias se descobriram com graves problemas de escoamento e com indústrias de base bastante envelhecidas quando, por volta de 1925, terminaram suas reconstruções. As tensões se reforçaram mutuamente. As dificuldades da recuperação industrial europeia têm como consequência uma fraca demanda de matérias-primas, cuja exportação permitia aos países pouco industrializados pagarem suas compras de produtos manufaturados: tudo dependia da continuação da expansão industrial mundial e do equilíbrio dessas balanças de pagamentos periféricos – aqui encontramos a estrutura do crédito internacional. Daí as fortes tentações protecionistas: no âmbito industrial, para os países novos que voltam a se deparar com a concorrência europeia; no âmbito agrícola, para os países europeus que reconstituem seu potencial. O período do pós-guerra é um momento de reorientações comerciais e de aumento das proteções alfandegárias. Se os anos 1930 veem o surgimento de um mundo pouco a pouco protegido por sistemas de taxas e cotas, não podemos esquecer que durante os anos 1920 já se assistira a um autêntico aumento dos reflexos protecionistas. Enfim, a saturação agrícola não deixa dúvidas: depois dos anos "dourados" de 1914 a 1920, para os países que escapam do conflito mundial, a ampliação das superfícies cultivadas coexiste com importantes progressos técnicos. Quando a demanda não é equivalente, os preços baixam e os estoques se acumulam. É o caso do trigo e do açúcar, cuja produção cresce muito entre

1926 e 1930, enquanto os preços baixam. Fala-se numa verdadeira depressão agrícola durante os anos 1920, resultante de uma acentuada queda dos preços agrícolas em relação ao dos produtos industriais, o que implica grandes dificuldades financeiras para os camponeses endividados e um empobrecimento progressivo de todos os produtores, tanto nos países ricos quanto nas nações periféricas.

II. Da deflação à depressão

1. Um processo cumulativo de baixa dos preços e da atividade

Essas evoluções desfavoráveis não devem fazer esquecer o indiscutível e excitante dinamismo dos "anos loucos". Falar em *boom* entre 1925 e 1929 seria excessivo; no entanto, a expansão é marcante em quase todos os países do mundo capitalista. Houve algumas recessões (em 1926, na Alemanha e na Grã-Bretanha; em 1927, nos Estados Unidos), mas estas logo foram reabsorvidas. O caso americano é representativo de uma nova era; a produção anual de automóveis passa de 1,9 milhão de veículos em 1919 para 5,6 milhões em 1929, e a expansão do petróleo, da borracha e do rádio é tão intensa quanto. Abertura de novas possibilidades de consumo, *boom* da construção: somente a agricultura continua, em todo o mundo, à margem da prosperidade.

Esse quadro apresenta um pouco mais de nuanças nos demais países industriais. A Bélgica e a França se beneficiam de um forte crescimento, mas esse não é o caso da Grã-Bretanha, acometida por uma elevada taxa de desemprego crônico, e da Europa em geral. O resto do mundo conhece desempenhos bastante desiguais, até mesmo estagnações.

A Austrália, por exemplo, depois de 1927, e o Japão entre 1922 e 1924, depois em 1925-1926.

O que torna a derrocada cíclica de 1929 tão original é o fato de ela acontecer num contexto de baixa internacional dos preços, iniciada em 1925-1926 na maior parte dos países. Deflacionista em seus antecedentes, a crise dos anos 1930 é gravemente deflacionista em seu andamento, se entendemos deflação no sentido amplo de retração dos indicadores nominais de uma economia: restrições monetárias e financeiras, baixas dos preços e dos rendimentos, recuo da própria atividade industrial. Apesar das distorções e de alguns patamares globais, a queda mexe o suficiente com seus contemporâneos para justificar a frase de Schumpeter, muitas vezes citada: "As pessoas sentiam o chão faltar sob seus pés".

Essa deflação generalizada parece bastante específica na história do capitalismo. Podemos, de fato, confrontá-la por um lado às baixas violentas e rápidas dos preços; em 1921, por exemplo, o desnivelamento total lhe é comparável, mas só dura um ano e sucede a uma rápida inflação. Por outro lado, a deflação se opõe às tendências mais longas e irregulares de baixa na Europa e nos Estados Unidos em certos períodos do século XIX, como o intervalo 1870-1895: uma tendência geral descendente se revelara através de flutuações secundárias de grande amplitude.

Em sua dimensão objetiva, o processo coloca em jogo uma série de reações em cadeia, como num "efeito dominó": o desmantelamento da conjuntura industrial induz uma retração das trocas internacionais e uma fraca demanda por matérias-primas, cujos preços baixam. Os países produtores dessas matérias-primas reduzem suas compras de bens manufaturados, depois se veem levados à bancarrota ou à desvalorização combinada ao controle das trocas, pois as dívidas contraídas não podem mais ser honradas. Da mesma forma, os países industriais são atacados por produtos cada vez mais baratos e só conseguem se proteger através de barreiras alfandegárias e desvalorizações. O mecanismo é reforçado por desequilíbrios de preços resultantes de uma capacidade de resistência às baixas desiguais dos mercados. De fato, diante da diminuição da demanda, os produtores que podem reduzir rapidamente suas quantidades conseguem manter as cotações, enquanto aqueles que não têm poder sobre essas quantidades sofrem o desmoronar das cotações – e muitas vezes tentam produzir ainda mais! No primeiro caso, temos produtos industriais e "cartelizados", isto é, controlados por acordos que reagrupam os grandes produtores; no segundo, os produtos agrícolas e os produtos de base, e os mercados regidos por uma forte concorrência. A partir de então, a retração das quantidades do primeiro grupo induz a uma fraca demanda de produtos de base e, portanto, à baixa de preços do segundo, o que compromete os rendimentos dos produtores de base, compradores finais dos produtos industriais... O círculo se fecha.

Esses encadeamentos internacionais têm uma contraparte interna num círculo vicioso bastante conhecido: as demissões restringem o mercado das empresas em dificuldades; o desemprego como solução (para uma empresa) à desaceleração dos negócios acentua as dificuldades e ocasiona mais demissões.

Mas a dimensão subjetiva não é menos importante. No pessimismo ambiente, se verificam primeiro reflexos restritivos, como, por exemplo, limitar as compras ao mínimo necessário, não investir, aguardar; depois, acontecem verdadeiros pânicos. Os dos anos 1930 foram monetários e bancários e culminaram numa crise financeira internacional (1931) e na destruição do padrão de câmbio-ouro.

2. Recuperações obscuras e tímidas

Apesar de tudo, seria errôneo atribuir ao processo de retração uma onipotência que só seria quebrada em definitivo por iniciativas estatais de estimulação econômica. Um simples olhar no calendário das recuperações entre 1932 e 1933 obrigaria a descartar essa visão. O mínimo da produção industrial é atingido na Alemanha em agosto de 1932, e em setembro as medidas desesperadas de Von Papen[5] são tomadas; nos Estados Unidos, a produção industrial sobe 16% entre 1932 e 1933, apesar de metade da capacidade de produção continuar inutilizada. Esses dois exemplos, aos quais podemos acrescentar a recuperação paradoxal de 1935 na França segundo A. Sauvy, que vê a produção voltar a crescer ao mesmo tempo em que são assinados os famosos e deflacionistas "decretos Laval", bastam para mostrar que as ações governamentais podem favorecer ou entravar reviravoltas conjunturais que lhes são externas.

Em toda economia de mercado existem forças de refreamento que desaceleram o processo de retração, capazes, ao lado de outras, de inverter a conjuntura. Ao lado das

---

5. Franz Joseph Hermann Michael Maria von Papen (1879-1969), político alemão, foi chanceler da República de Weimar em 1932 e ocupou cargos políticos durante o nazismo, sendo mais tarde absolvido no Julgamento de Nuremberg. (N.E.)

primeiras, encontramos mecanismos que aos poucos levam certos agentes econômicos a retomar uma atividade mais estável. Num primeiro momento, à medida que os preços e a atividade baixam, os detentores de dinheiro líquido veem seu patrimônio crescer em valor, seu poder de compra se fortalecer, e o entesouramento se tornar menos interessante. A seguir, as falências e as liquidações de empresas oferecem àqueles que ainda tinham meios a ocasião de compras vantajosas, a um preço às vezes irrisório, de equipamentos em bom estado. O fracasso de um possibilita, portanto, a rentabilidade de outros. Esses mecanismos são controversos, mas basta constatar que as baixas de preços e de atividade sempre fazem beneficiários que, a qualquer momento, se tornam capazes de "reiniciar a máquina".

A inversão da conjuntura é preparada dessa maneira. Em termos técnicos, podemos dizer que a produção se torna cada vez mais elástica, isto é, capaz de reagir a estímulos, como, por exemplo, a uma retomada da demanda. De fato, esta não poderia deixar de recomeçar: as despesas de consumo são parcialmente irrefreáveis, e os agentes econômicos são obrigados pouco a pouco a utilizar suas reservas (poupança). Da mesma forma, nos níveis reduzidos da produção, uma certa necessidade de renovação dos equipamentos e das instalações acaba se fazendo sentir. Podemos ver surgir, ao mesmo tempo, oportunidades de escoamento e uma recuperação da rentabilidade, suscetíveis de pôr em marcha, após um período de pausa, um outro processo autoalimentado: a volta da expansão.

Esses mecanismos não deram muito certo em 1932-1933. As recuperações foram efêmeras, não trouxeram melhoras e, na maioria das vezes, passaram despercebidas pelo público. A crise, longe de se orientar em direção a uma reabsorção generalizada e cumulativa, isola as economias desunidas que recomeçam sobre bases precárias. Em 1937-1938, um novo recuo violento da atividade coloca a economia americana uma última vez em primeiro plano; a produção industrial cai 30%, enquanto o desemprego cresce de maneira espetacular.

III. A crise financeira americana: 1929-1933

Diversos autores tentaram quantificar os efeitos da derrocada de Wall Street. Dois desses efeitos são claros: a baixa de valor do patrimônio e, portanto, do poder de compra para os especuladores arruinados, o que se reflete num enfraquecimento da demanda; e o esgotamento direto de uma fonte de financiamento para as empresas. Nenhum desses efeitos parece suficiente para explicar a retração geral da economia americana.

A atividade industrial enfraquece a partir do verão de 1929. O auge da produção automotiva fora atingido no mês de março, com 622 mil veículos; em setembro, o nível já não passava de 416 mil: podemos então nos concentrar nos bens de consumo duráveis, dos quais o automóvel é o símbolo. Uma das inovações dos "anos loucos" fora, nos Estados Unidos, o crédito ao consumo. Em 1927, 15% das vendas aos consumidores se fazem a crédito – 85% dos móveis, 80% dos fonógrafos, 75% das máquinas de lavar... são comprados a crédito. São esses os produtos em primeiro plano na crise: em 1930, a queda do consumo pessoal é de 6%, sendo de 20% para os bens duráveis com pagamento adiado; ela atingirá os 50% entre 1929 e 1933. O crescimento dos estoques ao longo de todo o ano de 1929 permite ver aqui um componente importante da queda da demanda.

Ligadas a esse declínio, existem dificuldades agrícolas especificamente americanas: apesar de a mão de obra do campo representar apenas 20% da população ativa numa nação amplamente urbanizada, as condições de exploração da terra haviam se tornado cada vez mais difíceis durante os anos 1920. É a famosa questão da "tesoura de preços": os *preços* das colheitas e do gado, que determinam (com as quantidades em circulação) as receitas camponesas, não permitem um benefício normal, uma vez subtraídos os *custos* pagos pelo produtor. Se partirmos de uma base 100 em 1910-1914 (média dos quatro anos), veremos que os preços evoluem de maneira favorável em relação aos custos até 1919 (forte demanda dos anos de guerra). A relação entre os dois índices mostra uma superioridade dos ganhos sobre os custos que chega a 20% em 1917, depois uma desvantagem entre 5 e 20% até 1929: a crise agrava profundamente a situação, sendo que a diferença entre os dois chega a 40% entre 1932 e 1933. De 1929 a 1933, o rendimento líquido dos produtores cai em 70%.

Outro componente do desmantelamento é a evolução da construção, tradicionalmente constituída de altos e baixos. Um verdadeiro *boom* acontecera nos Estados Unidos na primeira metade dos anos 1920, culminando em 1926 e permanecendo no topo desde então. O valor das construções novas era de 12 bilhões de dólares em 1926 e apenas 10,8 bilhões em 1929, o que ainda representava um número considerável, pois em 1929 o nível era mais do que o dobro de antes de 1914. Havia, portanto, uma saturação cíclica na construção.

Esses três elementos – reticência dos consumidores em relação aos bens duráveis, dificuldades agrícolas e recuo da construção – levaram os empresários a tomar decisões rápidas e de alcance inédito: refazer por baixo suas previsões, depois seus projetos e contratações. Daí a demissão ou redução de carga horária de operários e empregados e a baixa do investimento bruto, em 1933, para 10% de seu nível em 1929. As indústrias mais atingidas foram aquelas que haviam sido as mais vigorosas durante os anos 1920: construção e infraestrutura de consumo e produção (baixas respectivas de 85%, 50% e 75% de suas produções). Retrospectivamente, podemos apenas enfatizar a violência dessas reações. Elas convidam a uma análise atenta sobre a evolução do crédito e as convulsões bancárias do período. Havia 29 mil bancos nos Estados Unidos em 1921, e apenas 12 mil em fins de março de 1933, resultado de um pânico nacional que levara o novo presidente, Roosevelt, a fechar temporariamente todos os estabelecimentos bancários (*bank holiday*). Na verdade, houve três violentas crises sucessivas.

Em junho de 1929, os 250 bancos mais importantes, ou seja, 1% do total, detêm juntos mais da metade dos recursos. Essa forte concentração tem como contraparte uma miríade de pequenos estabelecimentos; mais de 80% dos bancos ficam nas cidades de no máximo 10 mil habitantes. O conjunto, bastante heterogêneo, é submetido a uma legislação desigual – os bancos locais, submetidos a uma legislação local, precisam enfrentar suas dificuldades sozinhos. E justamente surgem dificuldades. Elas são de dois tipos: por um lado, nos pequenos estabelecimentos agrícolas, os depósitos se reduzem à medida que cresce, mais ou menos, dependendo da região, a miséria camponesa; por outro lado, preponderante, o declínio da atividade e a baixa dos títulos não são compensados por uma baixa dos contratos em geral, fechados a taxas fixas. Os bancos, portanto, revisam seus contracheques, restringem seus investimentos, exigem novas garantias etc., a fim de restaurar sua liquidez comprometida pela baixa de seus bens. A reação do público se manifesta em entesouramento, levantamento acelerado de fundos, corrida em direção à liquidez. Com isso, estabelecimentos sadios se veem comprometidos, e o círculo vicioso da perda de confiança e da bancarrota é criado. Seus efeitos se reforçam com a propagação de pressões estrangeiras.

Houve um aumento gradual dos temores, que primeiro atacaram os pequenos estabelecimentos, depois os bancos filiados ao Federal Reserve System, mais importantes, e por fim o sistema como um todo. O pânico de 1933 foi, aos olhos dos observadores da Liga das Nações, "a derrocada mais dramática da confiança jamais vista em qualquer país em muitos anos". Essa observação, sem sombra de dúvida justificada, traz à mente uma importante sutileza: nem a própria prosperidade estava livre das falências, pois 5 mil bancos haviam fechado suas portas em oito anos, de 1921 a 1929, ou seja, num ritmo médio de 50 por mês. É preciso enfatizar a especificidade dos problemas americanos – a facilidade com que era possível criar um banco, mesmo minúsculo, levara a uma grande indisciplina na área. A depressão americana consistiu, acima de tudo, num estrangulamento do crédito (*credit crunch*) e da confiança.

Tudo converge para a primavera de 1933, a estagnação no mais baixo nível de atividade e a catástrofe bancária global. Nesse furacão, as iniciativas do presidente Hoover foram muitas vezes criticadas por serem insuficientes. Seu insucesso não deixa dúvidas.

No âmbito monetário, os Estados Unidos, bem como a Grã-Bretanha, além da manipulação da taxa de desconto (o preço do dinheiro a curto prazo), praticavam outra técnica de intervenção que teria grande influência: as operações de *open market*, que consistem em o banco central injetar dinheiro no circuito comprando títulos ou, ao contrário, "bombeando" liquidez ao vendê-los. Ao invés de agir como última instância e sobre um *preço* (a taxa de desconto), o *open market* permite agir com continuidade, a taxas variáveis, sobre uma *quantidade* fundamental, a "moeda central", pois dependendo de suas facilidades de recursos os bancos podem alargar ou não suas operações de crédito e suas criações monetárias. Surgido nos anos 1920, ele fora utilizado nos Estados Unidos nos dois sentidos: restritivo quando as autoridades queriam neutralizar o efeito expansivo de uma chegada de ouro (a "esterilização" do ouro), ou, inversamente, no sentido expansivo, com certo sucesso.

As intervenções públicas começam em 1929 com inegável ativismo: injeções monetárias pelo *open market* aliviam as dificuldades bancárias decorrentes do *crash* da Bolsa. H. Hoover anuncia reduções de impostos (de pouco alcance) a fim de manter o poder de compra. O orçamento federal é colocado em ligeiro déficit, o que tem um efeito contracíclico, e as declarações tranquilizadoras se multiplicam. Muitos autores enfatizam a clara melhora conjuntural da primavera de 1930 nos Estados Unidos: desaceleração da baixa dos preços, recuperação da atividade financeira nacional e empréstimos internacionais... A trégua não duraria.

À medida que o tempo passa e que a "esquina" em que a prosperidade deveria ser encontrada continua distante, os responsáveis públicos afirmam a necessidade de uma rigorosa disciplina orçamentária, enquanto as taxas extremamente baixas do mercado monetário (1 a 2%) convencem as autoridades de que é inútil injetar dinheiro num sistema bancário que não o está demandando, até que em setembro de 1931 as pressões sobre o dólar impõem restrições. Assim, o *open market* é, na maior parte do tempo, colocado em suspenso, enquanto a massa monetária é fortemente contraída: entre agosto de 1929 e agosto de 1933, a queda é de um terço.

O alcance da catástrofe leva, a partir de 1931, a outras medidas: primeiros auxílios aos desempregados, por intermédio de subvenções aos Estados locais, anúncio da política de grandes ações, redes de empréstimos de urgência, compras de produtos agrícolas... É no âmbito bancário que a ação é melhor organizada. Depois do fracasso, no fim de 1931, da National Credit Corporation, reagrupamento de grandes estabelecimentos que concediam crédito aos pequenos bancos, Hoover cria, em fevereiro de 1932, a Reconstruction Finance Corporation, de capital inteiramente governamental, destinada a conceder adiantamentos a sociedades financeiras em dificuldades, e flexibiliza a legislação bancária através do Glass-Steagall Act de 27 de fevereiro de 1932. Esses esforços culminam no Emergency Relief Act de julho de 1932, que Roosevelt retomará em 1933 num país com os nervos à flor da pele e muito empobrecido.

IV. Os grandes eixos de propagação internacional

Cada país reage de maneira diferente à crise, e o caso americano não passa de um caso particular, apesar de fundamental. Mas a depressão, de caráter internacional, logo se torna mundial.

1. A crise financeira internacional de 1931

As reversões dos capitais a curto prazo, pouco ou nada controladas ao longo desse período, resultantes das disparidades objetivas das situações no mundo, tanto quanto das antecipações de seus detentores, sucessivamente penalizaram e favoreceram diversos países. Inúmeros autores atribuem ao esgotamento dos empréstimos americanos em favor da Alemanha, durante o ano de 1928, a primeira retração da atividade industrial, anunciadora do desastre nesse país fundamentalmente devedor à época. Os capitais americanos teriam retornado à sua nação de origem para participar do impulso da Bolsa, asfixiando os mercados financeiros alemães. Primeira reversão no início de 1930: a retomada da exportação de capitais americanos volta a favorecer a Alemanha. No entanto, à medida que se confirmam as dificuldades políticas resultantes da ascensão nazista (primeiro sucesso eleitoral do NSDAP[6] em setembro de 1930) e que se revela a precariedade bancária germânica, enquanto a Grã-Bretanha e os Estados Unidos enfrentam uma situação agravada, é a França que aparece como refúgio. Depois de 1933, as tendências reformadoras do New Deal de Roosevelt, e depois da Frente Popular na França, reconduzem a Londres capitais flutuantes, que voltarão para a França depois de 1938 e do retorno ao poder de uma equipe liberal...

Esses movimentos oscilatórios chegam ao auge durante a crise financeira internacional de 1931, que resulta na destruição do padrão de câmbio-ouro. Três países ficaram

---

6. NSDAP: *Nationalsozialistische Deutsche Arbeiterpartei*, o Partido Nacional Socialista Alemão dos Trabalhadores, mais conhecido como Partido Nazista. (N.T.)

sucessivamente no olho do furacão: Áustria, Alemanha e Inglaterra. Em maio de 1931, um gigantesco banco austríaco, o Kredit Anstalt, criado em 1929 (que geria 70% dos depósitos do país, nas antípodas do caso americano), precisa recorrer a uma ajuda pública internacional, pois está envolvido numa série de compras de ações e de empréstimos, saldados com enormes perdas. É quando tem início uma onda de saques massivos, metade austríacos, metade estrangeiros, que em três dias o levam a fechar as portas. A partir de então, a situação em Viena depende de empréstimos internacionais a curto prazo, não isentos de pressões políticas (a França tenta dissuadir a Áustria de levar a cabo seu projeto de união alfandegária com a Alemanha). Disso decorre a queda do governo austríaco e, ao mesmo tempo, um verdadeiro assalto a bancos húngaros, tchecos, romenos, poloneses e alemães.

Em junho, a pressão aumenta na Alemanha, e se configuram os dispositivos que detonarão a crise em julho. De fato, em 17 de junho, uma empresa têxtil, a Nord Wolle, pede falência; ela havia comprado um importante estoque de lã (prevendo uma subida das cotações) graças aos adiantamentos de um grande banco, o Darmstadter und National Bank (o Danat). A explosão do início de julho vê a falência do Danat. Todos os bancos fecham suas portas em 13 de julho de 1931, para reabrir somente no dia 16, com congelamento dos créditos estrangeiros e constituição de um grupamento interbancário que tornaria os estabelecimentos interdependentes uns dos outros. Em 1º de agosto, a taxa de desconto atinge 15% (o que é considerável), e o controle das trocas se generaliza em todos os países da Europa Central e Oriental.

É nesse momento que a desconfiança se volta para a Inglaterra. Apesar de seus esforços em empréstimos internacionais à Áustria e à Alemanha, sua moeda continua fraca, considerada supervalorizada há muito tempo, e seu estoque de ouro é restrito em relação aos dos Estados Unidos e da França. Um movimento generalizado de venda de libras esterlinas faz o governo trabalhista cair no dia 24 de agosto. O governo da União Nacional que o substitui anuncia restrições orçamentárias, mas não consegue sustar o movimento: pelo contrário, inúmeras objeções arruínam o anúncio de disciplina orçamentária com um anúncio de indisciplina social. Em 21 de setembro de 1931, a Grã-Bretanha suspende seus pagamentos em ouro e deixa a libra esterlina flutuar, dizem que por seis meses. A decisão levara três dias para ser tomada. No dia seguinte, diversos bancos centrais começam a converter dólares em ouro... No entanto, a pressão sobre o dólar não levará a uma derrocada americana: ela reforçará a prudência das autoridades monetárias além-Atlântico, levando-as a aumentar a taxa de desconto, o que comprometerá a recuperação de Nova York. A desvalorização do dólar acontecerá em 1933, mas sem que esta resulte de uma forte pressão especulativa.

2. Trocas externas e reações estatais

Diante dos desequilíbrios das trocas externas e das eventuais ofensivas monetárias, a deflação em sentido estrito consiste em restringir a multiplicação dos meios circulantes com rigorosas economias orçamentárias, reduções autoritárias de preços ou de salários e controle do crédito. Espera-se com isso pressionar o nível dos preços internos do país e assim restaurar sua competitividade: é melhor vender ao exterior, resistir aos produtos estrangeiros, atrair capitais. Essa posição foi defendida sucessivamente pelo Japão, a partir de 1929, pela Nova Zelândia, pela Grã-Bretanha, como vimos, pela Alemanha e pela Austrália em 1931. Os esforços franceses mais significativos datam de 1935 e são, portanto, bastante tardios.

Esses esforços passam por medidas espetaculares: redução de 10%, ou mais, de todos os salários, suspensão de certos pagamentos... A resposta social é notória e violenta. Já falamos nas turbulências britânicas; houve verdadeiras revoltas na Austrália, em Sidney e em Perth, e na Nova Zelândia em 1932. Além desses riscos, que não são poucos, a múltipla rigidez das economias limita, na maior parte dos casos, os efeitos da baixa.

A partir de então, a desvalorização aparece como uma alternativa eficaz e relativamente indolor: baixar a paridade de sua moeda em relação às demais – seja deixando-a flutuar, isto é, deixando as cotações despencarem (na hipótese de a moeda sofrer tensões), seja modificando seu padrão-ouro – é, acima de tudo, evitar uma proteção potencialmente custosa em reservas de metal precioso e reservas cambiais e é substituir a deflação interna por medidas a princípio capazes de estabilizar ou sustentar os preços e a atividade do país; as exportações são estimuladas pela baixa de seu valor em moeda estrangeira, enquanto as importações são encarecidas. Pode haver inflação, pelo menos por certo tempo.

Na conjuntura dos primeiros anos da crise, dois traços característicos expressam as desvalorizações. Em primeiro lugar, inúmeras foram forçadas; quando uma viva especulação esgota as reservas de um país, esta é a única saída. Contudo, uma simples evolução do comércio exterior pode levar a ela em nações vulneráveis. Evocamos a decisão inglesa de 1931, que corresponde ao primeiro caso. O segundo não é menos importante. São exemplo dele 49 países exportadores de produtos primários, classificados pela porcentagem, às vezes assombrosa, da baixa de suas exportações em valor de 1928-1929 a 1932-1933 (ver Tabela 3). Se acrescentarmos a essa retração nominal a interrupção do fluxo de empréstimos internacionais (antecipando uma insolubilidade futura), entenderemos que semelhante asfixia só deixa como saída uma desvalorização acompanhada de controle das trocas e de uma limitação draconiana das importações.

Em seguida, cada decisão nacional significa a transferência e eventualmente a acentuação das pressões deflacionistas sobre outros países, já que terão mais dificuldade ainda em vender e precisarão resistir aos produtos estrangeiros subitamente transformados em negócios mais interessantes. A desvalorização, sob essa perspectiva, tem mais sucesso quando acontece cedo e é vigorosa – pelo menos nos países que não estão em bancarrota. Existe um aspecto de guerra econômica na "cascata" de depreciações monetárias.

Tabela 3 – Baixa das exportações de 49 países, de 1928-1929 a 1932-1933, em porcentagens

% de baixa	País
Mais de 80%	Chile
De 75 a 80%	China
De 70 a 75%	Bolívia, Cuba, Malásia, Peru, Salvador
De 65 a 70%	Argentina, Canadá, Ceilão, Índias Neerlandesas [atual Indonésia], Estônia, Guatemala, Índia, Irlanda, Letônia, México, Sião, Espanha

De 60 a 65%	Brasil, República Dominicana, Egito, Grécia, Haiti, Hungria, Países Baixos, Nicarágua, Nigéria, Polônia, Iugoslávia
De 55 a 60%	Dinamarca, Equador, Honduras, Nova Zelândia
De 50 a 55%	Austrália, Bulgária, Colômbia, Costa Rica, Finlândia, Panamá, Paraguai
De 45 a 50%	Noruega, Pérsia, Portugal, Romênia
De 30 a 45%	Lituânia, Filipinas, Turquia, Venezuela

Fonte: TRIANTIS, S.G. *Cyclical Changes in Trade Balances of Countries Exporting Primary Products, 1927-1933.* (Toronto, 1967).

As duas opções, deflação ou desvalorização, convergem portanto numa restrição indireta das trocas internacionais, com cada país tentando comprar menos para vender mais. A terceira opção é evidentemente a restrição direta, o protecionismo com suas diferentes possibilidades: os direitos alfandegários parciais ou gerais, as cotas ou contingências, e as interdições puras e simples. Uma lógica de proteção, e depois de represália, concentrou essas diversas linhas de ação num encadeamento destruidor, isolando pouco a pouco os países em "zonas".

A partir de 1930, a Liga das Nações antevê o perigo: numa conferência alfandegária no mês de fevereiro, trinta países europeus haviam se comprometido a não romper os laços comerciais que os uniam. No entanto, as pressões restritivas acabam triunfando a partir do mês de junho nos Estados Unidos, país de tradição protecionista, onde a tarifa Hawley-Smoot prevê um aumento de 40% dos direitos sobre o trigo, o algodão, a carne e os produtos industrializados. De 1930 a 1933, se multiplicam as tentativas de deflação, as desvalorizações em cadeia e as medidas protecionistas, num ambiente de impotência internacional, enquanto um verdadeiro balé diplomático tem início entre os poderosos de então, sem resultados tangíveis. A conferência monetária mundial de Londres (em junho de 1933) freia esse processo; última tentativa de entendimento internacional – reunindo setenta Estados num momento em que os Estados Unidos acabavam de abandonar a convertibilidade do dólar (em março de 1933) e davam início às reformas de Roosevelt –, ela acaba em fracasso. O representante americano, Cordell Hull, se aproxima inicialmente das propostas de estabilização combinada. Porém, uma queda em Wall Street demonstra a inquietude dos meios financeiros, pouco desejosos de ver o dólar novamente sustentado em paridade fixa, e Roosevelt rejeita por fim qualquer acordo internacional.

Eis o balanço das desvalorizações de 1929 a 1933 (ver Tabela 4).

Tabela 4 – Evolução da política monetária: 1929-1933. Abandono do padrão-ouro

Data da depreciação em relação ao ouro				
Ano	Mês	País	Suspensão oficial do padrão-ouro	Instituição oficial do controle das trocas
1929	abril	Uruguai	dezembro de 1929	7 de setembro de 1931
	novembro	Argentina	dezembro de 1929	10 de outubro de 1931
	novembro	Paraguai[1]		agosto de 1932

	dezembro	Brasil		18 de maio de 1931
1930	março	Austrália	17 de dezembro de 1929	
	abril	Nova Zelândia	1º de janeiro de 1932	
	setembro	Venezuela		
1931	agosto	México	25 de julho de 1931	
	setembro	Reino Unido	21 de setembro de 1931	
	setembro	Dinamarca	29 de setembro de 1931	18 de novembro de 1931
	setembro	Canadá	19 de outubro de 1931	
	setembro	Egito	23 de setembro de 1931	
	setembro	Bolívia	25 de setembro de 1931	3 de outubro de 1931
	setembro	Índia	21 de setembro de 1931	
	setembro	Irlanda	26 de setembro de 1931	
	setembro	Malásia britânica	21 de setembro de 1931	

	setembro	Noruega	29 de setembro de 1931	
	setembro	Suécia	29 de setembro de 1931	
	outubro	Áustria	5 de abril de 1933	9 de outubro de 1931
	outubro	Finlândia	12 de outubro de 1931	
	outubro	Portugal	31 de dezembro de 1921	21 de outubro de 1932
	outubro	Salvador	8 de outubro de 1931	
	dezembro	Japão	13 de dezembro de 1931	1º de julho de 1932
1932	janeiro	Colômbia	21 de setembro de 1931	21 de setembro de 1931
	janeiro	Costa Rica		16 de janeiro de 1932
	janeiro	Nicarágua		13 de setembro de 1931
	março	Pérsia[2]		
	abril	Chile	20 de abril de 1932	30 de julho de 1931
	abril	Grécia	26 de abril de 1932	28 de setembro de 1931
	maio	Peru	18 de maio de 1932	
	junho	Sião	11 de maio de 1932	
	julho	Iugoslávia		7 de outubro de 1931

1933	janeiro	África do Sul	28 de dezembro de 1932	
	abril	Estados Unidos	6 de março de 1933	6 de março de 1933
	abril	Guatemala		
	abril	Honduras[3]		
	abril	Panamá[3]		
	abril	Filipinas[3]		
	junho	Estônia	28 de junho de 1933	18 de novembro de 1931

1 O Paraguai tem como padrão de câmbio o peso argentino.
2 A Pérsia abandona o padrão-prata em março de 1932.
3 O dólar funcionava como padrão nesses três países.
Fonte: Liga das Nações.

O desmembramento do sistema monetário internacional foi geral em 1935-1936, enquanto o "Bloco-Ouro", que reagrupava algumas moedas fiéis à paridade anterior a 1929 – as da França, da Bélgica, dos Países Baixos, de Luxemburgo, da Itália e da Suíça –, se desintegrou aos poucos. Esses campeões da moeda forte eram ou de pequeníssimos países ou das nações vítimas de forte inflação depois de 1918, cuja paridade-ouro monetária fora estabelecida antes de 1929 sobre uma base depreciada. Favorecidos no comércio internacional por volta dessa data, esses países passaram por uma alta relativa na sequência, o que explica suas reviravoltas tardias.

Houve então, monetariamente falando, quatro grupos de países: o bloco-dólar, que reunia em torno dos Estados Unidos diversos países da América e as Filipinas; o bloco-esterlino, em torno da Grã-Bretanha; e o bloco-ouro, até

1936; por fim, o conjunto dos países que instauraram sistemas de câmbios múltiplos.

As medidas alfandegárias foram tomadas em ordem dispersa e progressiva; em geral, as barreiras começam com um aumento de impostos, depois medidas mais autoritárias são tomadas, sobretudo por países que não sofrem desvalorização, enquanto se multiplicam os acordos mútuos.

Apesar de nenhum país ter escapado dessa lógica, a Alemanha nazista, no comércio exterior dirigido pelo Estado depois de 1934, a levou a termo utilizando sistematicamente o *clearing* e o *dumping*.

Esses dois termos, por estranho que pareça em inglês, designam, por um lado, um sistema de compensação dos fluxos de importação e exportação por país, o que impõe seu equilíbrio constante. Trata-se de uma quase-permuta regulada por uma agência nacional de trocas, que cria laços de dependência ligando o escoamento de um produto à compra de outro. Por outro lado, a prática do *dumping* consiste, além de variadas manipulações monetárias, em vender abaixo do preço de custo, sendo que os exportadores recebem a diferença de uma caixa de compensação alimentada por contribuições provenientes do conjunto da economia.

Nessa evolução aparentemente irresistível, dois movimentos de suspensão precisam ser mencionados à guisa de conclusão. Uma trégua alfandegária parcial e isolada se torna possível para os Estados Unidos, a partir de 1934, com uma lei, o Reciprocal Trade Agreements Act, que autoriza o presidente a reduzir os impostos à metade, assinando acordos privados com alguns parceiros comerciais. Entre 1934 e 1945, os Estados Unidos fazem acordos com 29 nações.

Por outro lado, para evitar a partir de então séries de desvalorizações desordenadas, a França, a Grã-Bretanha e os Estados Unidos assinam, em 25 de setembro de 1936, uma declaração comum afirmando sua intenção de coordenar suas políticas monetárias.

Essas duas iniciativas – uma no âmbito comercial e outra no âmbito financeiro – não conseguem, é claro, mudar o curso das coisas. Em todo caso, elas tentam.

Um dado bem simples demonstra o alcance da desintegração do comércio mundial induzida pela desordem do início dos anos 1930: em dezembro de 1932, o preço do trigo na Itália era duas vezes menos elevado em Milão do que em Berlim ou Paris e três vezes mais elevado do que em Londres nas paridades em vigor. O traço dominante de um mercado mundial para um produto fundamental – a tendência à unificação das cotações, levando em conta os custos de transporte – havia desaparecido na época.

Essa espetacular desigualdade não era, evidentemente, o objetivo buscado pelos responsáveis das primeiras medidas protecionistas de 1929-1930. As políticas seguidas durante o colapso eram em grande parte ações-reflexas – entendamos com isso não decisões cegas, mas reações difíceis de evitar, cada vez mais inevitáveis à medida que a catástrofe se tornava mais grave. Certa margem de manobra ainda existe em 1929, o que permite a alguns países tentarem ações contracíclicas, que compreendem, por exemplo, déficits orçamentários (Estados Unidos, Austrália...), mas também restrições monetárias que demonstram gestões sadias dos fundos estatais. Essas ações não poderão ser cogitadas mais adiante, pelo menos enquanto a derrocada dos negócios não parece excepcional, pois o déficit aumenta sozinho com a redução das receitas fiscais, e acentuá-lo pareceria uma prova de má gestão, coisa não indicada quando não se quer um aumento da desconfiança. O peso do Estado na economia no fim dos anos 1920 não é tão grande que possa autorizar uma ação rápida e de maior alcance diante das reviravoltas da conjuntura. Da mesma forma, os países que sofrem com o baixo nível das cotações não podem fazer nada isoladamente para se sustentarem e preservarem sua balança de pagamentos: fariam com isso o jogo da concorrência e comprometeriam seus escoamentos, tal como experimentado, por exemplo, pelos brasileiros com o café e os americanos com o algodão. Em outras palavras, na falta de um verdadeiro concerto mundial, delicado nas diferenças de evolução e interesses, cada país quase sempre se protegeu da maneira que pôde, tomando dia a dia medidas parciais. Essa característica essencial da maior parte das políticas econômicas entre 1929 e 1932-1933 (e às vezes até mais tarde) – a dimensão reflexa e preservativa – se opõe à espetacular mutação gradualmente constatada: a ascensão, durante a crise, do nacionalismo, do intervencionismo estatal e de projetos que somam à luta frontal contra a crise uma vontade de regeneração social.

Capítulo III

Uma desestabilização geral do mundo ocidental

I. Guerra, crise, guerra

A crise de 1929 está delimitada por duas guerras mundiais. Ela anula as consequências financeiras da primeira, mas abre caminho para os preparativos da segunda. As iniciativas militares começam em 1934 com o avanço japonês na China, continuam em 1935 com o domínio da Itália fascista sobre a Etiópia, depois com o desencadeamento da guerra na Espanha em 1936. O "egoísmo sagrado" e o nacionalismo caracterizam toda a primeira metade do século XX; as iniciativas coloniais japonesas e italianas são apenas uma imitação, com cinquenta anos de atraso, do imperialismo inglês e francês. O autoritarismo e o antiparlamentarismo culminam nas ditaduras fascistas e nazistas, bem como na URSS leninista e stalinista. A chegada ao poder de Mussolini data de junho de 1921. O primeiro impulso significativo do Partido Nacional Socialista de Hitler data de setembro de 1930, quando das eleições antecipadas convocadas pelo chanceler Brüning: os nazistas passam de 12 a 107 deputados no Reichstag. Muitas vezes se atribuiu à crise de 1929 a chegada de Hitler ao poder em 1933, e é verdade que os encadeamentos de 1930 justificam a aproximação: é graças ao imenso déficit de um sistema de seguro-desemprego criado em 1927, previsto para 800 mil pessoas e confrontado com

2 milhões de desempregados em 1930, que os socialistas haviam sido afastados da coligação no poder em março. A vontade de restrição orçamentária saíra vitoriosa; o argumento tradicional faz do partido nazista a última esperança dos desempregados entre 1930 e 1933, ao mesmo tempo em que é evocado um financiamento oculto pelo patronato. No entanto, os fatos parecem mal-estabelecidos. O homem do patronato em 1932 era Von Papen, e o financiamento pelo grande capital era reservado essencialmente a ele; no partido hitlerista, os desempregados se encontraram ao lado de uma classe média desorientada e de um exército hesitante – grupos de interesses e preocupações diferentes, seduzidos por uma ideologia anticapitalista ambígua, preocupada com o reerguimento nacional e obcecada pela humilhação de 1914-1918. Na verdade, a ascensão do nazismo é um componente da crise de 1929, bem mais do que uma consequência, e suas origens devem ser procuradas para além das convulsões de 1929-1932 – que foram mais profundas e violentas nos Estados Unidos, por exemplo.

Radicalmente diferente é a situação da URSS. Realidade mal conhecida, ela surge ao longo de todo o período como um desafio permanente, uma alternativa evidente às desordens capitalistas. Se, durante os anos 1920, os peritos do Komintern[7] anunciam a cada mudança de conjuntura a

---

7. Komintern, abreviatura em russo de Internacional Comunista. Fundada em março de 1919, por iniciativa de Lenin e do Partido Comunista russo, a organização tinha como objetivo reunir os partidos comunistas de diferentes países na luta pela superação do capitalismo a partir de uma revolução feita pelo proletariado. (N.E.)

derrocada do sistema capitalista, a realidade dos anos 1930 lhes dá razão no plano econômico. Contudo, a espera da revolução mundial é logo frustrada e cede lugar a uma reviravolta estratégica espetacular. À estratégia classe contra classe defendida depois de 1920 – que fazia da social-democracia o principal inimigo, ainda mais perigoso porque mais próximo dos trabalhadores – sucede depois de 1934, em resposta à escalada fascista e à nova situação criada pela crise, a estratégia frentista que visava a incentivar as coligações burguesas, das quais as Frentes Populares espanhola e francesa são a expressão mais conhecida.

Essas são as linhas gerais do dramático pano de fundo sobre o qual a crise se desenrola. É impossível omiti-las quando se deseja estabelecer seu impacto no mundo e prestar contas das diversas políticas que tentaram superá-la.

II. Desemprego e desordens sociais

Pesquisas diretas junto aos desempregados foram feitas em vários países. Duas se tornaram clássicas. Uma é a de Edgar Whight Bakke, pesquisador americano que estudou durante seis meses, em 1931, uma população de 3 mil desempregados em Greenwich, bairro de Londres: ele morou no local, acompanhou os operários em seus deslocamentos, etc. O resultado foi publicado em 1933 com o título *The Unemployed Man*. A outra, realizada por uma equipe da Universidade de Viena (Áustria), dirigida por Paul F. Lazarsfeld, Marie Jahoda e Hans Zeisel, acompanha durante o inverno de 1931-1932 a vida de uma aldeia de 1.500 pessoas, Marienthal, que está submetida a um desemprego quase geral e recebe uma ajuda ínfima de capital. A equipe se diferencia em dois aspectos: pela minúcia das observações e por sua atividade de ajuda e animação – distribuição de roupas, gestão de uma clínica gratuita... O relatório é publicado com o título *Die Arbeitslosen von Marienthal* [Os desempregados de Marienthal]. Depois de 1932, investigações desse tipo se difundem na Europa, e em 1933 Bakke e Lazarsfeld vão para os Estados Unidos. O primeiro estuda por longo tempo o desemprego em New Haven, que resultará em seu famoso livro *Citizens without Work* (1940); o segundo, contratado pela administração Roosevelt, amplia o campo de pesquisa interrogando 10 mil jovens em Newark e participa de uma publicação em 13 volumes sobre os efeitos sociais da Depressão, sob a égide do Social Science Research Council.

Nessas pesquisas, a situação material das populações sem emprego, quase sempre sem proteção social efetiva (inclusive sem proteção em absoluto, como nos Estados Unidos), aparece como catastrófica, mas não tanto quanto seu abatimento moral. Elas registram poucos efeitos espetaculares sobre a saúde: as deficiências alimentares são evidentes, mas seus efeitos só são percebidos a médio prazo e não aparecem muito. Os pesquisadores constatam o desaparecimento quase total do consumo de carne, o uso generalizado das farinhas e uma tendência a transferir uma parte crescente do dinheiro disponível para produtos não essenciais como o café preto, considerado um luxo indispensável. A falta de proteínas no dia a dia tem como contraparte várias despesas específicas. Na Grã-Bretanha, o chá e os bombons; na França, o vinho e o café. Os desempregados dedicam também uma parte significativa de seus fundos às apostas e ao cinema. Uma esfera orçamentária, no entanto, é claramente sacrificada, o vestuário.

Uma mudança de estado de espírito se manifesta em toda parte à medida que a provação se prolonga: em alguns meses, o desempregado passa da procura febril ao desânimo e depois à apatia, abatimento final daquele que perdeu todo o amor-próprio e evita os contatos sociais com humilhação profunda e ansiosa. Essa evolução não é seguida no mesmo ritmo por todas as famílias, e uma minoria, muitas vezes detentora de rendimentos superiores à média, continua a lutar.

Apesar de não aparecer em pesquisas desse tipo, o verdadeiro desastre material dos mais vulneráveis pode ser deduzido de alguns indicadores: 29 pessoas mortas de fome em Nova York em 1933 (110 nos Estados Unidos em 1934); aumento dos casos de escorbuto, raquitismo e pelagra. Ao mesmo tempo, se assiste à multiplicação dos despejos, apesar de alguns proprietários levarem em conta as dificuldades do momento e renunciarem a seus aluguéis para manter os locatários. Resulta disso um surgimento de moradias improvisadas, casebres amontoados em terrenos baldios; esses agrupamentos miseráveis de despejados sem abrigo recebem um nome especial dependendo do país: *humpies* na Austrália, *hoover-villes* nos Estados Unidos (em homenagem ao presidente Hoover), *bidonvilles* na França.

Mas são os textos literários que melhor testemunham as vidas destroçadas ou o deterioramento da vida dos párias da prosperidade. *Love on the Dole* [Amor no seguro-desemprego], do inglês Walter Greenwood (1933), e a trilogia do americano James Farrell – *Young Lonigan* (1932), *The Young Manhood of Studs Lonigan* (1934) e *Judgement Day*

(1935) [O jovem Lonigan, A adolescência de Studs Lonigan e O dia do julgamento] – dedicada a um jovem do submundo de Chicago, ilustram o desemprego crônico e a vida estropiada. Por outro lado, *Karl et le XXe siecle* [Karl e o século XX], do austríaco Rudolf Brunngraber, e *Et maintenant, mon bonhomme?* [E agora, rapaz?], do alemão Hans Fallada (1932), relatam trajetórias exemplares de trabalhadores oprimidos pela exclusão da sociedade, que acabam tentando roubar sem sucesso, antes de encontrarem um destino autodestrutivo (o suicídio para Karl).

É preciso, portanto, equilibrar a balança e considerar que às dificuldades materiais quase sempre graves se soma a ausência de perspectiva numa crise que não tem fim.

Se tentarmos, de maneira mais global, fazer um balanço dos modos de vida por classe social durante a crise, uma única certeza aparecerá – e ela é paradoxal: o poder de compra de certas categorias aumenta! Retomaremos aqui alguns resultados comparativos estabelecidos por E.H. Phelps Brown e M.H. Browne na obra *A Century of Pay* (1963) (ver Figura 8). Esses dois pesquisadores ingleses consideraram cinco países – Alemanha, Estados Unidos, França, Grã-Bretanha e Suécia – e construíram duas séries de índices para permitir uma comparação entre eles: o índice do salário semanal operário convertido em libras esterlinas na taxa de câmbio em vigor em janeiro de 1931 e o índice do salário "real", isto é, corrigido da alta ou da baixa do custo de vida em cada país. Essa base de comparação é duplamente arbitrária: primeiro, porque uma taxa de câmbio reflete as condições de trocas internacionais somente de alguns bens (e os movimentos de capitais) e não explica muito bem as eventuais discordâncias entre o custo relativo de bens e serviços fora do comércio exterior e importantes no consumo cotidiano; segundo, porque, após nove meses, a libra perderia rapidamente 30% de seu valor. Eventuais correções aproximariam verossimilmente a França da Grã-Bretanha, por exemplo, sem no entanto modificar a hierarquia observada. O primeiro índice, nominal, acusa baixas nítidas durante os anos 1930. O segundo, apresentado no gráfico, mostra que em três países – Grã-Bretanha, Suécia e França – a crise e suas sequelas se manifestam numa nítida *alta*, apesar de variante segundo o poder de compra. As evoluções alemãs e americanas se manifestam numa queda bastante modesta. Essas variações se explicam evidentemente pela deflação e pela baixa do custo de vida, que quase sempre foi mais rápida do que a dos salários nominais.

O paradoxo se inverte na França dos tempos da Frente Popular. As altas de salário então obtidas não compensam a onda de inflação concomitante. Estamos diante de um dos fenômenos mais desconcertantes da crise: na confusão, o poder de compra de certas categorias – não o dos desempregados! – pôde aumentar, não de maneira sistemática, mas graças a movimentos desiguais de preços e rendimentos. A resistência à baixa dos salários e rendimentos nominais é um fenômeno bem-conhecido, que aparece desde o início do século XX, e garante em caso de queda acentuada dos preços um aumento do poder de compra, pouco marcante, mas totalmente real.

É provável que uma atitude patronal tenha favorecido esses ganhos salariais: a que consiste em dispensar rapidamente, ao invés de conservar com diminuição das remunerações,

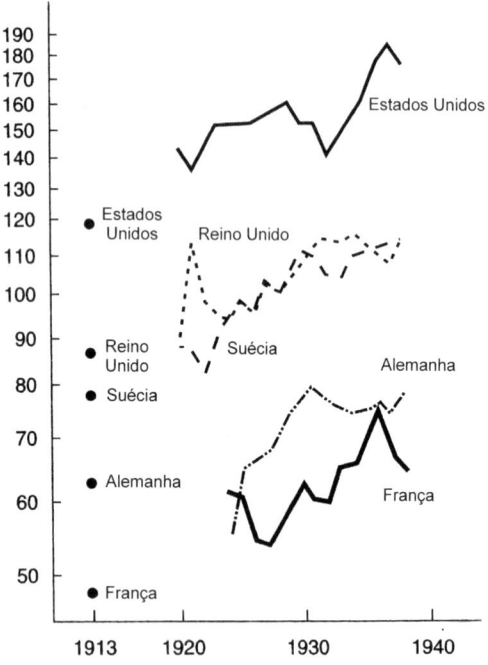

Figura 8 – Índices dos salários semanais reais em cinco países de 1920 a 1940. Base: Reino Unido, média 1925-1929 = 100
Fonte: Phelps Brown e Browne, op. cit.

trabalhadores que logo farão reivindicações. A forte resistência dos rendimentos salariais é confirmada por uma queda no consumo relativamente fraca, às vezes refreada em certos países; depois por um recuo no fim das contas moderado do entesouramento (25% nos Estados Unidos). Fica claro portanto que os assalariados viveram a crise de maneira muito distinta, às vezes oposta, dependendo da situação de seus empregos: os desempregados americanos, não protegidos, num extremo; os funcionários franceses, por exemplo (apesar de preocupados com uma eventual perda autoritária de privilégios), no outro.

Nesse leque internacional, os próprios trabalhadores empregados viram sua sorte diferir: os trabalhadores manuais, quase sempre pagos por tarefa ou por períodos breves, sofrem com a crise muito mais do que os empregados pagos por mês.

A questão dos rendimentos do capital continua obscura: heterogêneos e discretos, eles são pouco conhecidos. Os rendimentos das empresas (os benefícios ou os lucros) baixaram muito (de 20 a 80%) em quase todos os países e desmoronaram nos Estados Unidos e na Alemanha, levando a prejuízos, em 1931 e 1932, pelo menos algumas sociedades industriais. As consequências para seus proprietários foram em grande parte amortecidas. Houve certa redução de estilos de vida mais luxuosos, sem consequência direta no conforto cotidiano dos interessados. Diversas estratégias fiscais e patrimoniais permitiram a certos grupos se safarem, comprando ações a baixo preço, por exemplo, ou tirando proveito do desastre imobiliário vivido pelos desempregados endividados. Por fim, e acima de tudo, é preciso aproximar essas reorientações da espetacular retração dos investimentos constatada em toda parte: os responsáveis pelas empresas podem, segundo os resultados, regularmente escolher, de um lado, a parte reservada à renovação das instalações e à sua extensão (amortecimento e autofinanciamento) e, de outro, a parte destinada aos proprietários (benefícios distribuídos). A hipótese parece plausível: é sem dúvida sacrificando os investimentos que os donos dos meios de produção limitaram a baixa dos rendimentos do capital.

Enfatizamos o suficiente a crise crônica da agricultura para podermos concluir que houve grande pobreza no destino do camponês durante a crise. A baixa das cotações e as dificuldades de escoamento podem conduzir os fazendeiros arruinados ao abandono de suas terras (cf. os Estados Unidos) ou a uma espécie de retraimento com tendência à autossubsistência; raras são as propriedades que puderam se modernizar e reduzir seus custos.

Diversidade de situações e de mecanismos: a crise teve seus vencedores e perdedores, que variaram segundo os conflitos e as opiniões políticas tanto quanto segundo o jogo dos fatores econômicos. A crise se ramifica não apenas porque a distribuição de um produto em baixa é ainda mais conflituosa do que durante uma expansão, mas também porque o espectro do desemprego conduz facilmente a um cada um por si (quantos trabalhadores aceitaram temerosos a redução imposta de seus horários e de seus salários!) e porque a queda dos preços e da atividade consolida a provisória prosperidade de uns sobre a ruína dos outros.

As dificuldades econômicas enfraquecem as reivindicações sociais, e somente após a estabilização na depressão o movimento se inverte e se alimenta do descontentamento popular generalizado. O abalo social resultante da falência da economia capitalista se manifestou pouco a pouco nos grandes países industriais e não resultou em maiores desordens imediatas. Assinalemos, no entanto, a errância ferroviária dos jovens americanos, inclusive dos muito jovens, em 1931-1932, semelhantes a uma horda de vagabundos. Os primeiros foram estimados em 200 mil! Furtando de cidade em cidades, esses nômades da Depressão preocupam quando em grupos.

A entrada no desemprego é um destino vivido primeiro individualmente. Ao se perder o trabalho, ainda não se sofreu o suficiente para se rebelar; por outro lado, quando se sofreu por longo tempo, se perdeu a capacidade de protestar de maneira organizada. As grandes ondas de revolta operária, as greves da Frente Popular ou, nos Estados Unidos, do CIO de John Lewis (Congress of Industrial Organization, organização sindical combativa resultante de uma cisão com a AFL, a American Federation of Labor, iniciada em 1935 e legalizada em 1936) datam dos anos 1936-1937 e se apoiam em trabalhadores empregados.

É útil diferenciar as agitações pontuais que se opõem aos governos em aspectos específicos e as tentativas de organização dos desempregados.

Na primeira categoria, encontramos as revoltas que respondem a medidas de deflação interna: motins ingleses de setembro de 1931, franceses de 1935 (nos arsenais de Brest e Toulon), motins australianos e neozelandeses evocados anteriormente... Encontramos também a triste marcha do "Bônus", reunindo nos Estados Unidos, em 1932, 11 mil veteranos do exército que reclamavam o pagamento imediato de indenizações de guerra: marcha dissipada brutalmente, em Washington, pelo exército regular. A segunda categoria, que reúne os protestos dos desempregados, ilustra a impossibilidade de uma mobilização constante desses últimos, para além da organização de associações por bairro ou por região. Assim, nos Estados Unidos, a única tentativa de mobilização geral contra o subemprego acontece no dia de 6 de março de 1930, quando o minúsculo Partido Comunista de W.Z. Forster (7 mil membros) organiza uma série de manifestações nas grandes cidades a partir de uma rede de Unemployed Councils [conselhos de desempregados], e é desmantelada por uma repressão eficaz.

Depois disso se sucedem esporádicas marchas da fome, sendo a mais famosa a de 7 de março de 1932 em Dearborn, perto de Detroit, que acaba num banho de sangue: os desempregados da cidade (a Ford licenciara três quartos de seus efetivos) se manifestavam contra a redução das ajudas públicas e por novas contratações. Em consequência de choques muito violentos provocados pela polícia, seriam contados quatro mortos.

De maneira bastante sintomática, será uma organização inicialmente dependente de um projeto político – as Unemployed Citizen's Leagues [associações de cidadãos desempregados], dirigidas por A.J. Muste – que conhecerá grande sucesso, primeiro em Ohio e na Pensilvânia, melhorando a assistência e favorecendo os canais de autossubsistência. Porém, à medida que as ligas se politizam, elas perdem seu público. Assinalemos ainda o sucesso das lutas coletivas contra os despejos, que mobilizam bairros inteiros.

Já destacamos a especificidade da transformação social alemã. Não parece que os desempregados, presentes em massa no Partido Comunista, tenham sido significativamente recrutados pelos nazistas. Por sua vez, os comunistas franceses formam comitês regionais de desempregados. É na Grã-Bretanha, ao que parece, que a organização dos sem-emprego melhor se desenvolveu: o NUWM (National Unemployed Workers' Movement) organiza manifestações contra as reduções do *dole* (os pagamentos do seguro-desemprego) e ainda marchas da fome – aqui também com alguns choques violentos contra uma polícia agressiva –, que despertam muita simpatia por todo o país. Filiações comunistas o afastam, no entanto, de uma colaboração com os sindicatos e o isolam definitivamente.

Nenhuma dessas manifestações conseguiu ameaçar com seriedade a ordem estabelecida: até mesmo a conquista do poder por Hitler se deu nas urnas. De maneira gradual, e sutil também, a desestabilização assumia uma dimensão cultural e moral.

III. Da inquietude dos anos 1920 à urgência dos anos 1930

Seria muita ingenuidade pretender retraçar em algumas páginas a evolução cultural dos anos 1930, e mais ainda pretender isolar a parte referente à crise de 1929. Esta, que foi uma desestabilização entre tantas outras na globalização de conflitos nacionais e das economias industriais, inverteu direta ou indiretamente o otimismo *aparente* da "nova era" e dos "anos loucos". Num exame mais detalhado, a inquietude da modernidade já era perceptível antes de 1914, especialmente na Europa. Contudo, essa mistura complexa muda de direção depois de 1929. Apontaremos aqui algumas ideias, limitadas aos Estados Unidos.

Seria errado imaginar uma mutação global da cultura americana. Para ficar só na literatura, Faulkner, que começou a escrever nos anos 1920, continua sua obra sem integrar de maneira visível, num momento específico, o ar dos novos tempos. O romance *noir* dos anos 1930, de forma semelhante, é o elo entre as obras de D. Hammett e o mundo sombrio da Lei Seca, por um lado, e a maturidade de R. Chandler nos anos 1940, por outro. *Seara vermelha*, de Hammett, data de 1929; *O destino bate à sua porta*, de

J. Cain, de 1934; *À beira do abismo*, de Chandler, de 1939. Terceiro e último exemplo, cosmopolita: a "geração perdida" de Hemingway, Fitzgerald, T.N. Wilder, Kay Boyie, Elliot Paul, revelada na boemia de Montparnasse sob o comando de Gertrude Stein, produziria com plasticidade durante todo o entreguerras, combinando inquietude, pesquisa formal e desenraizamento.

Outra transformação complexa, marcada por rupturas externas e inclusive contrárias às da produção econômica: o cinema. O ano de 1929 é uma data-chave, a da popularização do cinema falado, que abre novos horizontes às transmissões culturais, estimula uma indústria na contracorrente das demais, principalmente por sua grande demanda. O rádio não fica à parte desse grande desenvolvimento das comunicações. Uma simples reflexão de bom senso é suficiente para indicar os limites das contribuições cinematográficas nas novas contribuições culturais dos anos 1930: entretenimentos que exigem um financiamento custoso (logo controlado por negócios oligopolistas) e o consentimento de distribuidores, a grande maioria dos filmes tenta distrair um público que desejava arejar as ideias. É por isso, por exemplo, que as revistas de *music hall* alimentam uma parte dos sonhos ameaçados. É o caso de *Gold Diggers*, de Mervyn Le Roy, com a dançarina Ginger Rogers coberta de dólares; das comédias ligeiras, dos filmes de aventura, de gângster, ou das reconstituições históricas, ao lado de um crescimento dos grandes humoristas, mais livres em suas zombarias. *Luzes da cidade*, de Chaplin, data de 1931, *Tempos modernos*, de 1936, enquanto os Irmãos Marx produzem regularmente, na mesma época, obras como *Os gênios da pelota*, *O diabo a quatro*...

Porém logo depois de 1929, nasce uma vontade geral de expressão de testemunhos pessoais, tanto por parte dos intelectuais que se mobilizam quanto por parte dos cineastas, fotógrafos...

O apogeu dessas declarações é, indiscutivelmente, *Let us Now Praise Famous Men* (1939), de J. Agee e W. Evans. Essa obra ilustra a cooperação, em 1936, entre um jovem escritor de 27 anos, J. Agee, e um fotógrafo de renome, W. Evans. A intenção original era mostrar a vida dos camponeses brancos miseráveis no Alabama: por isso as descrições minuciosas de J. Agee e as fotos quase antropométricas de W. Evans, que compartilharam por seis semanas a vida de três famílias de agricultores rendeiros levados à miséria. No entanto, texto e imagem são conduzidos num lirismo febril com acento religioso e convergem para um telurismo anunciador de eternidade: o olhar é como uma queimadura, e o retrato, acusação. Estamos nos antípodas da América manufatureira. Vemos a realidade industrial ruir, já que a descrição desses camponeses presos na armadilha do criminoso mundo dos negócios leva a uma dolorosa tomada de consciência. A influência do cinema é tão forte quanto discreta: o texto alterna frases longas e curtas pontuadas por dois-pontos que multiplicam as evidências e remetem às fotos. Podemos relacionar a essa obra dilacerante o livro *A caminho de Wigan*, de George Orwell, resultante de uma série de reportagens e publicado em 1937, um relato da vida cotidiana dos mineiros e operários desempregados no norte da Inglaterra. Seu lirismo é menos ardente e se prolonga numa meditação política sobre a alienação e os destinos de classe. Com Agee e Orwell, todo o idealismo intelectual anglo-saxão vai além das denúncias e investigações para fazer um simples questionamento sobre sentido e existência, no qual se unem o absurdo e a fraternidade.

Paralelamente a esse renascimento lírico, se desenvolve nos Estados Unidos uma literatura de combate. Já citamos James T. Farrel, membro da Escola de Chicago. Ao lado de Richard Wright e Nelson Algren, ele desenvolve um naturalismo do submundo, com boa dose de determinismo e simbolismo. Toda uma tradição americana de contestação social e de realismo, que vai de Upton Sinclair (*The Jungle*, 1906) a Theodor Dreiser (*The Titan*, 1914), denunciava o reverso da prosperidade. Com a catástrofe, ela ganha novo impulso. Duas obras célebres se destacam: *O grande capital*, de Dos Passos (1936), e *As vinhas da ira*, de John Steinbeck (1939).

Do primeiro – que passará, ao longo de sua vida, da extrema esquerda para a extrema direita – falaremos da técnica: a simultaneidade (utilizada desde 1925), que consiste, através de segmentos paralelos e alternados, em narrar a movimentação de vários heróis; o balanço dos anos loucos através dos destinos entrecruzados de um aviador, de uma militante política, de uma atriz... é conduzido com vigor e converge para a destruição econômica, moral ou física da maior parte dos personagens em 1929. Curtas biografias de personagens públicos, recortes de imprensa e excertos radiofônicos dão ritmo a essa crônica fragmentada de um sonho pouco a pouco despedaçado. Os anos 1930 ajustam as contas com os anos 1920. John Steinbeck, em 1939, já tinha uma obra importante atrás de si e fizera a crônica de uma greve nos pomares da Califórnia (*A batalha incerta*, 1936). Sua obra-prima, *As vinhas da ira*, reconstitui a epopeia de camponeses arruinados e expulsos do Oklahoma tentando conseguir emprego na Califórnia depois de uma terrível odisseia na estrada. O sucesso estrondoso do livro permite sua adaptação cinematográfica por John Ford, com Henry Fonda. Sobre a tábula rasa desobstruída por Dos Passos e Agee, Steinbeck retoma o mito fundador dos Estados Unidos, a migração de colonos unidos pela desgraça e pela injustiça, afastando o mal pelo sofrimento que revela os verdadeiros valores e a necessária solidariedade. A força da obra resulta desse simplismo em movimento, dessa reviravolta total e moralizadora, e o estilo não poupa cenas genuinamente cinematográficas: *travellings*, *plongées*, vistas panorâmicas. Antes mesmo da adaptação de Ford, o livro tinha uma tenaz construção visual, reivindicando com isso a passagem à ação imediata, a unidade de um caminho que vai da sobrevivência à organização.

É no entanto com um filme bem mais antigo que parece ser mais esclarecedor concluir essa breve exploração da dimensão cultural da crise nos Estados Unidos, enfatizando sua complexidade e sua ambiguidade: *O pão nosso*, de King Vidor (1934), que reconstitui as aventuras de um jovem casal. O homem está desempregado, e eles acabam ocupando uma fazenda abandonada e reunindo à sua volta uma população de deserdados, criando uma comunidade agrária com o simbólico nome de Arcádia. Depois de um breve momento de instabilidade com a chegada da loira Sally, que simboliza a cidade com seu gosto pelo jazz, pelo álcool e pelo tabaco, a vida rural é por fim comprometida pela seca e salva pela escavação a picareta de um canal. Essa fábula bíblica (Vidor é um adepto da Ciência Cristã) transforma o tema bastante conhecido dos perigos da rua e da cidade, característico dos anos 1920, numa exaltação da auto-organização agrícola em meio a automóveis, mas sem o mínimo material mecanizado: a redenção pelo trabalho se une aqui ao stakhanovismo[8] e substitui a produtividade pelo esforço. Podemos ver nessa comunidade que adquire independência e que se reúne em torno de um homem (depois de hesitar quanto a seus processos de tomada de decisão) tanto os primórdios de um comunismo primitivo quanto a desconfiança para com o socialismo e a democracia. Trata-se de um movimento de recuo, de retraimento sobre si e sobre a terra, revelador de uma sociedade cambaleante.

Em uma palavra, parece que podemos resumir o impacto cultural da catástrofe econômica num movimento urgente de engajamento e testemunhos; o romance apresenta certa regressão formal em relação às experiências revolucionárias internacionais dos anos 1920 (Faulkner, Proust, Döblin, Joyce...), mas impõe despojamento e brutalidade, e dialoga com o cinema, a fotografia e a investigação. Esses caminhos cruzados, à sua maneira, compõem o mapa da convulsão.

IV. O capitalismo sob vigilância

Todos os países industriais conhecem, a partir de 1933, um aumento considerável da pressão política e sindical operária. As greves recomeçam a partir de 1933. O início de uma recuperação libera a expressão, de certa forma retardada, do

---

8. Stakhanovismo: doutrina na União Soviética que fazia a apologia do trabalhador esforçado e dedicado como forma de aumentar a produtividade. (N.T.)

medo e da indignação dos operários. Esse ressurgimento da combatividade é reforçado mais ainda nos anos seguintes pela aliança com as classes médias que perdem a esperança de, agindo isoladamente ou se unindo à direita capitalista, saírem ilesas. Aliança desejada também pelo lado operário quando a estratégia antifascista (na Europa) implica uniões democráticas. Resulta disso uma segunda onda de pressões à esquerda, mais potente do que a primeira e perceptível tanto nos Estados Unidos quanto na França, que culmina em grandes greves e conquistas sociais.

Essa revanche do *common man*, o homem da rua, é intrinsecamente uma mutação intelectual e social que desqualifica as pessoas no poder nas democracias ocidentais. Muitos assinalaram que o *brain trust* do presidente Roosevelt (sua equipe de governo) nomeava na maioria das vezes, em 1933, novatos, quase sempre saídos dos círculos empresariais e financeiros.

Das conclusões dos comitês de especialistas nos planos sindicais às sugestões dos simples cidadãos, as propostas feitas na época eram de todos os tipos. Iam do retorno à vida rural à criação de uma moeda "liquefeita" que obrigasse seus detentores a despesas imediatas, como por exemplo, através da emissão de notas datadas, válidas por um tempo específico. Três grupos predominam. Por ordem cronológica, encontramos primeiro uma corrente ardorosa e antiga a favor da estimulação do poder de compra, depois a dos debates em torno do tema do multiplicador de empregos e, por fim, a do movimento planificador.

A ideia de que a manutenção, ou o desenvolvimento, do consumo popular facilitaria a retomada da economia em crise estava bastante difundida em 1929, e certas medidas do presidente Hoover nesse ano fazem parte dessa linha de pensamento. Ela encontra sua expressão mais sistemática no Plano WTB, adotado em 1932 pelos sindicatos alemães, derivado do nome de três famosas chefias sindicais: W. Woytinski, Fritz Tarnow e Fritz Baade. Esse plano, cujos fundamentos haviam sido lançados em 1929, previa a estimulação do consumo através do inchaço da liquidez à disposição da economia. Ao mesmo tempo, o apelo a trabalhos públicos contracíclicos estava extremamente difundido e totalmente desprovido de inovações na época.

A ideia do multiplicador de empregos é simples: numa economia deprimida, com potencial de produção não utilizado, a contratação de certo número de trabalhadores suscitaria trabalho a outros, que, por sua vez, provocariam mais empregos... Poderia, portanto, haver um efeito multiplicador das despesas públicas sobre a atividade. Essa ideia, sistematizada por Keynes, parece ter nascido em 1931, ao mesmo tempo na Grã-Bretanha (Kahn), na Alemanha (R. Friedlander-Prechtl e H. Dräger) e numa versão simplificada nos Estados Unidos (pelo magnata da imprensa W.R. Hearst). Ela produz debates contraditórios em 1931-1932, pois seus adversários ressaltam que a iniciativa estatal levanta dinheiro dos fundos necessários às iniciativas privadas e endivida perigosamente as finanças públicas.

Por fim, a corrente planificadora que, a exemplo do socialista belga Henri de Man, reuniu na França e na Bélgica diversos militantes políticos e sindicais (dentre os quais Georges Lefranc e André Philip) num programa de economia mista, de reformas profundas abrangendo um controle público sobre o crédito etc., espécie de terceira via à esquerda entre uma social-democracia presa ao parlamentarismo e um comunismo que promete uma revolução do tipo tudo ou nada. Um verdadeiro modismo se apossa, entre 1933 e 1936, da palavra "plano".

Esses três conjuntos de propostas, amplamente internacionais, mostram que o momento era de intervencionismo – ou, mais ainda, de ativismo estatal. Tratava-se de regular os mercados, de manter os preços, de multiplicar os acordos profissionais limitando horários ou, caso necessário, produções para reabsorver os estoques e o desemprego, de criar instituições centralizadas capazes de sustentar uma economia "concertada": grandes projetos, nem sempre coerentes entre si, decorrentes na maioria das vezes de uma ação pragmática ponto por ponto, que levaram a um conjunto de medidas multiformes, ao passo que eram abandonados a disciplina deflacionista e os princípios liberais. Os objetivos buscados em quase todos os países industriais têm uma dimensão reformadora e estão unidos em torno de uma vontade de regeneração social nacional; a eficiência econômica passa ao segundo plano. "Sacrifica-se a produtividade", para retomar uma expressão de então, porque a aposta é política e social antes de ser econômica no sentido estrito.

1. As conversões britânicas

Vítima de consideráveis dificuldades durante os anos 1920, como dissemos, o Reino Unido é o primeiro a admitir a intervenção direta do Estado e o protecionismo, indo contra toda a tradição manchesteriana liberal. A primeira conversão é a da política monetária: a uma moeda flutuante, gerada por um Fundo de Igualização, corresponde uma política de dinheiro barato oposta à que prevalecera entre 1919 e 1931. Ao abrigo de pressões externas, os mercados internos agrícolas são reorganizados por preços garantidos e por serviços de venda geridos pelos produtores, sob o controle do Estado. Em 1930, o Coal Mines Act já tentava regulamentar a questão do carvão, reduzindo a jornada de trabalho de oito para sete horas e meia e criando uma comissão com plenos poderes para fixar a produção e os preços, responsável por organizar fusões e melhorias técnicas. Da mesma forma, sob a tutela do Estado, um comitê de reorganização da indústria siderúrgica reuniu 2 mil empresas em 1932 na British Iron & Steel.

A evolução internacional foi amplamente favorável: com entradas de ouro e de capitais (para um país com uma notável tradição de exportação de capitais), e combinação dos "termos de troca", os preços das exportações continuam superiores aos das importações. O comércio externo é em parte reorientado ao Império, ainda que inúmeros acordos bilaterais garantissem o escoamento de alguns produtos britânicos em contrapartida a compras específicas. Essas medidas econômicas conduziriam o país a um lento reerguimento, perceptível a partir de 1932-1933, sem rupturas sociais espetaculares, ainda de Estado-providência, mas acompanhado de medidas antecipatórias do Welfare State: se a gestão do seguro desemprego conduzira em 1931 o governo da União Nacional de R. MacDonald a diminuir em 10% os ralos pagamentos de subsídio desemprego (*dole*), essa medida é suprimida em 1934, e a previdência social desenvolve o sistema de pensão e aposentadorias criado em 1925. Há portanto um "piso" na retração do consumo, tanto que uma série de medidas tomadas entre 1930 e 1935 estimularam amplamente a construção de moradias individuais padronizadas, levando a um verdadeiro *boom* do mercado imobiliário, duplicando nos anos 1930 o número de casas novas construídas nos anos 1920. A partir de 1937, a generalização do descanso remunerado permite a abertura de colônias de férias à beira-mar e o desenvolvimento do lazer de massa. Em oposição ao mito "negro" de uma Inglaterra miserável, esse dinamismo do consumo é característico da recuperação inglesa.

2. Os dois New Deal de F.D. Roosevelt

Muito mais espetacular e tumultuada foi a política seguida por F.D. Roosevelt. Ao fim de 1932, chega ao poder um homem pragmático, pouco preocupado com coerência doutrinária, que critica o presidente Hoover por sua inação e exige grandes economias orçamentárias dentro da pura tradição deflacionista. A inspiração do novo presidente vinha de dois lados. Em primeiro lugar, ele era herdeiro de uma corrente progressista favorável às intervenções federais. Em segundo, ele se tornara o intérprete direto da vontade de renovação encontrada país afora. A seu *slogan* de New Deal, o novo acordo (uma redistribuição das cartas do jogo econômico e social), responde sua famosa frase segundo a qual "a única coisa a temer é o próprio medo". Resulta disso uma intensa atividade reformista, inaugurada nos febris cem dias que se seguem à sua chegada ao poder: reformas bancárias aumentando o controle federal, impondo a separação entre bancos de depósitos e de negócios, concedendo novas garantias aos depositantes e reforçando o papel de banqueiro do Estado; reformas na Bolsa de Valores fiscalizando as transações de bens móveis; "reabastecimento do tanque" em matéria monetária e financeira, através da injeção de capitais frescos no circuito econômico, flexibilizando as condições de criação monetária e criação de grandes projetos amplamente financiados por empréstimos. Flutuação do dólar, através da suspensão das transações sobre o ouro, depois depreciação do dólar através de uma política de compra de ouro em cotações crescentes. Essa tática, que fora utilizada ao fim da Guerra de Secessão, tem como objetivo a recuperação dos preços internos; ela tem a vantagem de não traumatizar a opinião pública com uma desvalorização declarada. Quando o dólar é estabilizado, em 31 de janeiro de 1934, ele perdera 41% de seu valor, mas os estoques de ouro estatais haviam crescido consideravelmente, em massa e em valor, tranquilizando assim o público. Criação da Civil Work Administration e da Federal Emergency Administration, dois órgãos respectivamente encarregados de organizar empregos públicos (4 milhões de desempregados contratados em meados de janeiro de 1934) e de distribuir fundos de ajuda (20 milhões de beneficiários no inverno de 1934). Retomada do projeto de planejamento hidráulico no Tennessee que Hoover iniciara: a criação da Tennessee Valley Authority se torna o símbolo do novo regime. Tratava-se de uma economia "concertada", de colaboração entre o Estado federal, os Estados locais, os fazendeiros ribeirinhos e os usuários da corrente elétrica. Enquadramento da atividade industrial pelo NIRA (National Industrial Recovery Act), de junho de 1933, e uma série de medidas complementares materializadas num conjunto de códigos específicos por indústria. Maciçamente apoiadas por certas facções sindicais, essas regulamentações impostas a muito custo ao mundo dos negócios previam uma redução da semana de trabalho para 35 horas, um salário-mínimo garantido, a liberdade sindical completa e o direito de associação para os trabalhadores, bem como inúmeros acordos de autolimitação da produção e da cartelização dos mercados. O Agricultural Adjustment Act se encarrega da crise agrícola, junto com outras cláusulas que concedem novos créditos aos fazendeiros, assim como subsídios à limitação da produção, facilitando as redistribuições de terras e a modernização, apesar de não conhecer um sucesso imediato.

Essa simples enumeração evidencia o alcance do intervencionismo rooseveltiano, que se chocou com a resistência feroz da Suprema Corte, responsável pela constituição; em 27 de maio de 1935, os nove juízes inamovíveis invalidaram unanimemente todas as medidas tomadas no quadro do New Deal, considerando-as como contrárias à constituição americana. Com isso, seguiram-se batalhas processuais e outras leis – particularmente a Lei Wagner, que retomava o NIRA, e o Social Security Act de agosto de 1935, que rompia com uma tradição secular estabelecendo uma proteção social obrigatória senão generalizada – que também foram anuladas. Reeleito em 1936, no entanto, Roosevelt ganha com ampla maioria e consegue a passividade da Suprema Corte. Começa então um segundo New Deal, tendo como pano de fundo uma crescente tensão social: as cláusulas legais que sancionam os direitos dos trabalhadores são retomadas e pouco a pouco impostas em meio a conflitos violentos, em que se distinguem o sindicalista John Lewis e sua organização, a CIO (Congress of Industrial Organization).

O resultado é imenso e controverso. Roosevelt continua sendo a figura-guia dos anos 1930. Sem querer, ele transforma o capitalismo americano em 1933-1935 e se apoia cada vez mais no meio operário em 1936-1938. Nunca convencido por Keynes, com quem se encontrou diversas vezes, ele combateu com força a política de déficit orçamentário até 1938: suas ambições reformistas procediam de outros princípios; alguns sublinharam que estes se opunham a boa parte do sonho americano, conduzindo à mediação federal autoritária nas relações privadas.

3. As economias militares (Alemanha, Itália, Japão)

Os elementos comuns aos três países são a cartelização industrial submetida ao mundo militar; a busca decidida de autossuficiência, ou antes de autarquia, numa perspectiva expansionista; o centralismo bancário e as manipulações monetárias (no Extremo Oriente, a depreciação sistemática do yen; na Europa, os controles das trocas e depois a criação de canais paralelos para a circulação nacional e internacional) e o controle rigoroso das importações e das exportações.

Enquanto a expansão japonesa avança sem modificação do estatuto dos trabalhadores, o mesmo não acontece na Alemanha e na Itália: ao corporativismo dos sindicatos italianos respondem as medidas alemãs que suprimem, em 10 de maio de 1933, todas as organizações operárias e patronais e criam a Frente do Trabalho, em que todos os participantes da vida econômica são enquadrados. Não podemos deixar de sublinhar o sucesso aparente, a curto e médio prazo, dessas medidas autoritárias ou totalitárias: a Alemanha rapidamente reabsorve seu imenso desemprego, o Japão vê sua indústria de bens de infraestrutura, bastante incentivada, chegar às alturas, enquanto a Itália apresenta resultados mais variados – a moeda é levada à desvalorização em 1936 e cada vez mais o país se submete a seu aliado germânico.

4. Do bloco-ouro às Frentes Populares

Dissemos que certo número de países europeus havia ficado preso, durante a derrocada monetária, à manutenção da paridade-ouro de suas moedas. Nesse grupo, estavam França, Itália, Países Baixos, Bélgica, Suíça e algumas nações da Europa do Leste. Esses países pagaram caro por tal apego durante os anos de 1933 a 1936, pois as desvalorizações sucessivas da libra esterlina e do dólar de maneira intensa e repentina encareceram seus preços nas trocas mundiais – como recusam a desvalorização, são obrigados a abater seus preços e rendimentos limitando as despesas públicas e procedendo a baixas mais ou menos autoritárias, numa política de deflação interna. À medida que o tempo passa, as queixas se multiplicam em meio ao marasmo circundante; um pânico financeiro em março de 1935 impõe a desvalorização à Bélgica.

A situação francesa não era muito melhor, e os acessos de desconfiança em relação ao franco levam a um último esforço deflacionista do governo Laval, que reduz autoritariamente 10% dos pagamentos do Estado – dentre os quais os ordenados dos funcionários – e inúmeros preços. A inversão política da Frente Popular – precedida pela Frente Popular espanhola – pode ser caracterizada pela ideia de estimulação do poder de compra e um intervencionismo bastante moderado. Não fizera Léon Blum uma distinção entre o exercício e a conquista do poder? Segundo seu ponto de vista, o momento não era de socialismo, e a coligação da Frente Popular teve, portanto, um balanço muito original: poucas nacionalizações, acordos contratuais centralizados – os acordos Matignon que previam aumentos gerais de salários (10 a 15%) – e uma lei famosa, de 22 de junho de 1936, que reduzia a semana de trabalho de 48 para 40 horas, sem diminuição de salário. As tentativas de manutenção das receitas agrícolas, por intermédio de um Office National Interprofessionnel du Blé[9], são mais clássicas.

As 40 horas são a típica medida histórica e controvertida: simbólica, apoiada na importância do trabalho em meio-turno na França, a lei introduz uma grande rigidez. De fato, as 35 horas previstas pelo New Deal são negociáveis, moduláveis em certa medida segundo os "códigos" e setores. Materializando a conquista de uma nova dignidade, indissociável do direito ao lazer e das primeiras férias remuneradas, o texto francês tem um aspecto antiprodutivo; por sua uniformidade, ele pode levar empresas dinâmicas, em regiões pouco afetadas pelo desemprego, a limitar suas produções; é portanto gerador de áreas de desaceleração. Essa constatação não autoriza em nenhuma instância o raciocínio segundo o qual as 40 horas teriam paralisado a economia francesa, e muito menos a observação desdenhosa (muito comum) sobre a "semana de quatro quintas-feiras" que teria autorizado a preguiça operária. O certo é que a recuperação da Frente Popular não avança e tem claras consequências inflacionistas, confirmadas por duas desvalorizações sucessivas.

---

9. Agência governamental com poder monopolista que fixa o preço do trigo e regula importações e exportações. (N.E.)

Ao lado dessas importantes experiências que transformaram visivelmente os grandes países industrializados, outras nações conduziram políticas reformistas muitas vezes ousadas e exitosas. Foi o caso dos países nórdicos, principalmente da Suécia, que logo reorientaram suas trocas externas e desenvolveram um aparato industrial de alto rendimento. A chegada ao poder dos social-democratas em 1933 torna possível um verdadeiro laboratório de políticas econômicas e sociais que fascinaria os grandes países ocidentais por décadas. Com um sindicalismo potente e reconhecido, não isento de graves confrontações, e uma política orçamentária explicitamente anticíclica a partir de 1937 (obra de Dag Hammarskjold), o socialismo sueco é forjado durante a crise.

As transformações contrastantes da Austrália e da Nova Zelândia merecem uma menção: em 1931, os trabalhistas perdem o poder na Austrália; em 1935, chegam a ele na Nova Zelândia. Até 1935, as soluções deflacionistas, às vezes violentas, prevalecem, mas depois dessa data os trabalhistas neozelandeses instauram uma política de verdadeira síntese da Frente Popular, do New Deal e das reformas britânicas. Diante da Austrália, que continua fundamental e agressivamente liberal (não sem sucesso, no fim das contas), eles impõem em 1936 a semana de 5 dias e de 40 horas, reativam a construção civil e a concentração industrial, garantem um nível de vida mínimo aos fazendeiros. Seus esforços culminam num dispositivo de previdência social baseado na simples noção de responsabilidade coletiva diante de situações de indigência ou necessidade (1938).

Muitas vezes se atribuiu a saída da crise ao crescimento das despesas militares. Duas observações precisam ser feitas sobre esse ponto. A primeira diz respeito ao aspecto tardio desse rearmamento, que mesmo na Alemanha só é realmente significativo em 1937-1938. Paradoxo quase sempre desconhecido, o esforço de guerra alemão só será total em 1942, quando os efeitos da estratégia de guerra-relâmpago, que não implicavam uma mobilização duradoura da economia, se dissipam. Portanto, o sucesso a curto prazo da recuperação nazista (e também japonesa) acontece sobretudo devido à presença de um Estado autoritário que se encarrega do futuro econômico. Em segundo lugar, houve nessa emergência nacional e estatal (menos marcada nas democracias ocidentais) apenas uma primeira etapa. Em consequência do segundo conflito mundial, o impulso prodigioso dos Estados Unidos leva-os a uma segunda etapa: um amplo rearranjo das relações internacionais, que compreende, além da primazia do dólar e do Plano Marshall (ajuda maciça à reconstrução europeia), as disposições de livre-comércio do GATT (Acordo Geral sobre Tarifas e Comércio, de 1948).

V. O nascimento do subdesenvolvimento?

A crise é, acima de tudo, industrial e ocidental. Não podemos esquecer, no entanto, que dois terços do mundo em 1930, ou 1,4 bilhão de pessoas, tinham suas condições de vida ligadas direta ou indiretamente às cotações das matérias-primas e à margem de autonomia concedida por suas metrópoles. Essa massa de peso demográfico crescente diante do declínio da Europa Ocidental estava dividida, em 1930, mais ou menos em quatro blocos: 40% para a Ásia do Leste e 40% para a Ásia do Sul, por um lado; 8% para a

América Latina e 12% para a África, por outro. Uma considerável disparidade caracteriza as situações dos territórios em questão, o que torna impossível uma generalização sobre o impacto da crise.

A instabilidade do entreguerras aqui também é evidente – lembremos, por exemplo, que a China vive uma guerra civil nos anos 1930 (a Longa Marcha de Mao Tsé--tung, que data de 1934-1935, é um episódio marcante). Outras nações aos poucos conquistam sua independência (como a Índia), coexistindo com Estados politicamente autônomos, zonas sob protetorado, colônias isoladas ou organizadas de várias maneiras, tanto no Império Francês quanto na Commonwealth britânica que sucede em 1931 ao Império (Estatuto de Westminster).

Ter uma zona de influência, isto é, de dominação, parecia uma necessidade vital para os grandes países industrializados. Prova disso são as tentativas neocoloniais da Alemanha, da Itália e do Japão. A realidade está, no entanto, longe de ser tão simples, e não fica claro, retrospectivamente, que o mundo dominado tenha representado um papel de amortecedor.

É preciso começar pela crise comercial vivida de maneira intensa e duradoura pelos fornecedores de matérias--primas, que claramente precede os colapsos ocidentais. A retração assim iniciada – e que faz dos países dominados um dos desencadeadores da crise – se revela tão dura para eles quanto para as economias dominantes, à exceção da África. Em termos nominais, o nível de trocas continua em 1935 o mesmo de 1928, em 50%, enquanto é em média 35% no resto do mundo, sendo que a América Latina é a mais afetada, com um nível de 31%. Igualmente dura, mas financeiramente insuportável para as nações pouco desenvolvidas.

Uma exceção confirma a regra: a produção de ouro duplica durante a crise e chega a 1.232 toneladas em 1939, dez vezes mais do que em 1875 e 25% mais do que em... 1974. Os países auríferos são muito estimulados, como é o caso da África do Sul, que atravessa a crise sem grandes dificuldades (embora com uma paralisia no mercado de diamantes).

As sombrias perspectivas do setor exportador têm nuanças dependendo do produto e do país: acordos de autolimitação da produção são instaurados nos anos 1920 (borracha), e a derrocada dos "produtos de sobremesa" (café, cacau...) se opõe ao despertar de certas filiais de abastecimento induzido pelos esforços de rearmamento.

O jogo dos mecanismos econômicos é, no entanto, retomado pelas reorientações políticas: toda uma gama de arranjos e pressões – que vai de acordos impostos ou negociados a regulamentações administrativas coloniais, de mercados reservados a intervenções diretas – comprova uma intensa atividade ocidental que compreende dois aspectos contrastantes. Por um lado, um relativo retraimento, como, por exemplo, dos capitais, que demonstra que a partir de então o mercado interno é mais importante para as metrópoles; por outro lado, um "recuo imperial" muitas vezes amplificado (para aqueles que acreditam ter os meios para tanto), que consiste em privilegiar as colônias nas trocas externas, isto é, retomar sua valorização numa base mais ampla. O caso inglês vê a preeminência do retraimento, enquanto a França inaugura com estrondo a

Exposição Colonial de 1931, ápice simbólico de sua atividade ultramarina, e retoma o financiamento público de trabalhos de infraestrutura na África. Retrospectivamente, fica claro que o retraimento teve mais futuro, mas, apesar dos inegáveis esforços, o recuo do Império se revelou em grande parte mítico, repousando numa complementaridade ilusória entre produtos de base e manufaturados. O recuo do Império foi comercial e limitado; seus resultados continuam ambíguos.

Quase em toda a periferia colonizada, os colonos brancos promoveram um impulso industrial local, cuja rápida expansão não deve mascarar seu acanhamento. A crise deixa vago um espaço nacional de transformação industrial, e, se o financiamento se revela difícil, fica claro que os países novos que se lançam na aventura não têm muito a perder. Assim, a Índia, apoiando-se em autóctones europeizados, vê um claro crescimento de suas atividades manufatureiras – bem como a Argentina e os "domínios" brancos, estando o Canadá à parte.

A evolução da agricultura coloca em causa o destino de todas as populações indígenas e também faz surgir uma grande diversidade de situações. Duas evoluções parecem características: por um lado, a conservação de mundos agrícolas separados, com tendência a certa autarquia, numa esclerose pré-industrial ou, pelo contrário, com o desenvolvimento de "cistos" modernos sem laços aparentes com a sociedade na qual se inserem; por outro lado, e aqui a crise tem um papel indiscutível, tensões e influências recíprocas justapõem as desintegrações e as tentativas reformistas.

Um exemplo importante dessas tensões aparece no recuo da economia de escambo na África negra e na monetarização de setores antes excluídos da zona das transações comerciais. A economia de escambo designa as permutas (bastante praticadas na colonização do século XIX) entre indígenas, que entregam o produto de suas culturas ou de suas caças, e sucursais que lhes fornecem diversos artigos manufaturados de baixo valor. Seu mecanismo básico parece ter sido fiscal. Diante da queda dos rendimentos decorrente das trocas internacionais, as administrações coloniais se remetem à base potencial da produção interna e dos rendimentos indígenas, obrigando esses últimos a um esforço de contribuição monetária e, portanto, a uma monetarização de suas atividades. Decorre disso uma progressiva desagregação das estruturas tribais tradicionais e uma transferência de parte das dificuldades econômicas para populações incapazes de adaptação: no fim das contas, um quase trabalho forçado e uma grande pauperização dos campos, conforme apontado por inúmeros observadores.

Algumas tentativas reformistas, minoritárias, exploram as vias para uma nova integração camponesa, sendo a mais notável a de Cardenas no México, que organiza nos anos 1930 redistribuições de terras em larga escala (20 milhões de hectares a 1 milhão de famílias) e colide frontalmente com o poder latifundiário, conhecendo um sucesso efêmero. O traço comum a todas essas experiências, muitas vezes brutais, está no crescimento urbano, duplamente estimulado pelo afluxo de massas camponesas miseráveis, desorientadas, e por um embrião de burguesia local mais ou menos nacionalista. De fato, a urbanização do que se tornará o Terceiro Mundo tem sua origem nos anos 1930: o crescimento exagerado das cidades se deve em grande parte ao amontoamento de um subproletariado em favelas (evocamos antes sua multiplicação no Ocidente; o fenômeno é semelhante no Magreb e na América Latina), população de camponeses arruinados e raros assalariados que veem seus ganhos nominais às vezes reduzidos à metade em dois anos.

Três ideias parecem se impor:

– primeiro, a realidade da crise nos países e territórios periféricos é pouco discutida e desafia generalizações, tamanha a diversidade de situações e reações;

– no entanto, parece possível conceber a hipótese de uma "invisibilidade" parcial das repercussões comerciais e financeiras sobre as massas rurais dos países dominados, sem desemprego, mas com uma pressão sobre as atividades rurais e aumento da teia urbana;

– se, nessas manifestações essenciais, a crise é ocidental, parece ter havido focos de crises latentes específicas, durante os anos 1920, no mundo periférico, focos que a depressão ocidental revela, mas não cria. As evoluções que aqui evocamos fazem das dificuldades das nações industriais antes um acelerador do que um desencadeador. Esse também é o caso dos núcleos de industrialização, da urbanização, do nacionalismo e do recuo constatado na economia de escambo. Contudo, essa aceleração é sem dúvida portadora de rupturas, como a demografia que tende a se tornar explosiva e as novas relações financeiras que se instauram, com operadores preocupados muitas vezes em rentabilidade de curto prazo. As relações entre população e subsistência e a dependência fundada no círculo vicioso ajudas/endividamento estão prestes a se tornar os dois principais problemas do mundo dominado.

Com certeza, podemos considerar como hipótese verossímil a conclusão do relatório geral de um colóquio organizado em 1976, "A África e os anos 1930": "Tudo contribui para fazer do período 1931-1936, graças à crise mundial e à margem dela, a fase-chave da gênese, no seio do imperialismo contemporâneo, de um fenômeno específico, o subdesenvolvimento do Terceiro Mundo".[10]

---

10. Relatório geral de C. Coquery-Vidrovitch, *Revue française d'histoire d'outre-mer*, 1976, p. 422. (N.A.)

Capítulo IV

Explicações e interpretações

I. Explicar a Grande Depressão: busca do Graal e teste de Rorschach

A crise de 1929 já está longe de nós. Com a distância histórica e os progressos do conhecimento estatístico e econômico, somos naturalmente levados a pensar que deveríamos cada vez mais entender suas causas profundas. Mas isso só acontece em parte. A lista de experiências mais ou menos comparáveis a ela certamente aumentou, e as informações e análises de que dispomos hoje em dia não têm similares nas utilizadas pelos seus contemporâneos. Multiplicação e validação de dados estatísticos, surgimento da macroeconomia como disciplina autônoma, gerações sucessivas de modelos, simulações... Essas contribuições, no entanto, não cessam os debates. Ben Bernanke, economista americano presidente do Federal Reserve System desde 2006, que antes dedicara inúmeros trabalhos à questão, chegou a falar em 1994 numa "busca do Graal", pontuada por avanços porém sempre reiniciada. De fato, cada época projeta no acontecimento suas urgências e suas vivências. Um dos que mais contribuiu recentemente para a discussão, Barry Eichengreen, viu na explicação de 1929 o Teste de Rorschach da macroeconomia: como as manchas simétricas que os psicólogos mostram a seus pacientes a fim de identificar suas preocupações, os trabalhos explicativos ilustram as prioridades e tensões de cada época. Todavia, uma lenta progressão é constatada. Baseados numa releitura apurada e consolidada dos encadeamentos, os debates deste início de século não fizeram desaparecer as divergências sobre as causas últimas, mas as reformularam em larga escala.

Simplificando, podemos dizer que a Grande Depressão implica duas análises opostas, dependendo da estabilidade atribuída ou não ao sistema capitalista. De fato, se postulamos a estabilidade, então os acontecimentos, em seu trágico alcance, impõem a análise dos erros ou encadeamentos acidentais que se combinaram para transformar uma recessão de médio alcance numa catástrofe mundial. Por outro lado, se considerarmos o capitalismo um sistema instável, nossa tendência será evidenciar o jogo de mecanismos profundos que tornavam inevitáveis se não a totalidade dos acontecimentos, pelo menos a falência da ordem liberal e o recurso ao que chamamos de "capitalismo sob vigilância". As múltiplas posições intermediárias podem ser definidas em relação a esses dois extremos e apresentam diferentes modalidades ao longo do tempo.

Situaremos primeiro a crise de 1929 numa perspectiva de longo prazo para depois isolar três gerações sucessivas de contribuições explicativas. Depois dos primeiros debates, no calor do momento, o período de expansão duradoura e inflacionista que se seguiu à Segunda Guerra Mundial conduziu a uma primeira série de reavaliações; esta é depois suplantada por uma segunda série de trabalhos, dominados pelas preocupações resultantes da globalização e da financiarização.

II. O ano de 1929 na longa história de *crashes* e crises

O distanciamento cronológico permite uma melhor compreensão dos traços únicos da Grande Crise. Estes não são nem o alcance nem a precipitação da derrocada da Bolsa. O *crash* de Nova York em 1987, por exemplo, foi comparável ao de 1929. Contudo, foi rapidamente reabsorvido e não foi seguido por nenhum colapso da atividade econômica nos Estados Unidos. Da mesma forma, a explosão da Bolha da Nasdaq[11], entre 2000 e 2002, provocou um "*crash* por patamares" e baixou as cotações das bolsas ocidentais de 50% a 80% sem que a recessão mundial consecutiva degenerasse em recessão duradoura.

É antes a década 1929-1939, com o alcance de seus encadeamentos deflacionistas e as dificuldades de recuperação depois de atingido o mínimo, que parece específica. Duas comparações permitem colocá-la em seu devido lugar. A primeira, por muito tempo negligenciada pelos historiadores, coloca em cena a outra Grande Depressão[12], que ocorreu no fim do século XIX. Mais de vinte anos de marasmo econômico, pontuado por falências e *crashes* na Europa

---

11. A Bolsa Nasdaq, criada em 1971, popularizou-se por negociar ações de empresas de alta tecnologia e das chamadas "pontocom". Em 2001, com a supervalorização dessas ações, a bolha estourou, ocasionando o fim de inúmeras operações virtuais. (N.E.)

12. Para o caso da França, ver: BRETON, Yves; BRODER, Albert e LUTFALLA, Michel, *La longue stagnation en France. L'autre Grande Dépression, 1873-1895*. Economica, 1997. Para uma apresentação mais ampla e uma comparação com o entreguerras, ver: MARCEL, Bruno e TAÏEB, Jacques, *Les grandes crises, 1873-1929-1973*, 7. ed. Armand Colin, 2005. (N.A.)

e nos Estados Unidos, não haviam colocado em questão a existência do padrão-ouro. Seguiram-se o crescimento rápido dos "anos loucos" e uma primeira globalização financeira, num contexto de grande estabilidade das taxas de juros e de forte variação cíclica dos preços e da atividade. A crise de 1929 é assim a primeira a provocar uma ruptura de trajetória em escala mundial.

O segundo ponto aparece no contraste entre o capitalismo resultante da conferência de Bretton Woods (1944) e a expansão em todas as direções do capitalismo financeiro que se afirma depois dos anos 1980. De um lado, em grande parte como reação à Grande Crise, trata-se de um capitalismo controlado e dominado por um único país, os Estados Unidos. As atividades dos bancos de depósitos e bancos de negócios são claramente distintas. Uma época de crescimento rápido e constante parece iniciar. O padrão de câmbio-ouro é na verdade um padrão dólar, que coloca um fim à bipolarização do entreguerras e à disputa entre o dólar e a libra esterlina. As taxas de câmbio fixas estabilizam as trocas internacionais e a influência dos Estados nacionais se afirma, enquanto as pressões inflacionistas constituem o principal motivo de preocupação. Mas esse período é breve. Os desequilíbrios financeiros aliados à expansão das empresas multinacionais conduzem, a partir dos anos 1970, ao abandono do sistema de Bretton Woods e a um aumento da desregulamentação, bem como da autonomização dos mercados financeiros mundiais. O todo convergiu para o enfraquecimento dos controles exercidos pelos Estados-Nação. Resultam disso diversas acelerações e crises que evocam diretamente o contexto dos anos 1920 e 1930. A crise da dívida na América Latina durante os anos 1980, a crise da demanda na Ásia a partir de 1997 e a Bolha da Nasdaq entre 2000 e 2002 permitem agora que falemos globalmente de "desordens no capitalismo mundial".[13] A Ásia passa para o primeiro plano, com a emergência da Índia e da China (esta conhece entre 1990 e 2005 uma taxa de crescimento média de 10%). A longa crise do Japão entre 1990 e o início dos anos 2000 faz ressurgir, por sua vez, comportamentos esquecidos desde os anos 1930, em especial a impotência diante de uma deflação prolongada. Apesar da zona de estabilidade constituída pelo euro a partir de 1999, a apatia dos grandes países europeus contrasta com o dinamismo dos Estados Unidos. Mais dois traços aproximam as evoluções atuais e o entreguerras: a passagem progressiva a um contexto deflacionista e o retorno a uma situação monetária multipolar (emergência do euro e do yuan chinês). Espelho da globalização desastrada que conjuga interdependência estreita e fragmentação, a crise de 1929 parece adquirir singular atualidade neste início de milênio.

III. Os primeiros debates

1. O excesso de explicações em 1929 diante de uma crise excepcional

Durante os anos 1920, havia um campo inteiro de investigações sobre o ciclo econômico. Inúmeros tipos de ciclos eram discriminados, com amplitudes muito variadas, que se superpunham uns aos outros e pareciam carac-

---

13. Cf. *Désordres dans le capitalisme mondial*, assinada por Michel Aglietta e Laurente Berrebi, Ed. Odile Jacob, 2007. (N.A.)

terísticos da era industrial: o ciclo de 8-10 anos, chamado Juglar, enquadrado de certa forma por ciclos menores de 2-4 anos, chamados Kitchin, e ciclos maiores de 25-50 anos, chamados Kondratieff. Como as regularidades constatadas, dos preços e da atividade, com altas e baixas, eram muito relativas, essas construções sempre foram controvertidas, e toda uma escola de pensamento via nelas a resultante de fenômenos aleatórios, apesar de muitos historiadores se referirem a elas até hoje.

Para mencionar apenas as teorias mais famosas, podemos nos referir ao agrupamento feito por G. Haberler[14] numa apresentação sintética em 1936 – portanto, bem no momento em que era publicada a obra maior de Keynes, a *Teoria geral do emprego, juro e moeda*. Cinco grupos são especificados: as teorias monetárias puras (Hawtrey); as teorias do investimento em excesso em suas três versões principais – versão monetária (Wicksell, Hayek), versão não monetária (Marx, Tugan-Baranowski, Cassel...), versão do "princípio de desaceleração" (Aftalion, J.M. Clark, Kuznetz, Harrod...); as teorias de subconsumo, cujos ancestrais são Malthus e Sismondi e cujos partidários do século XX se centram seja no poupar excessivo (Hobson, Foster e Catchings), seja num atraso dos salários em relação à produtividade (Lederer); as teorias psicológicas (Keynes antes da *Teoria geral*, Taussig...); por fim, as teorias que privilegiam a influência dos ciclos agrícolas (W.S. Jevons e H.S. Jevons, H.L. Moore...). Ainda assim, essa enumeração não leva em conta, por exemplo, as nuanças internas do pensamento marxista.

---

14. *Prospérité et dépression*, Liga das Nações, 1937. (N.A.)

Essas diversas argumentações muitas vezes são complementares. Contudo, não deixavam de ter concorrentes nos anos 1920: uma influente corrente de pensamento ortodoxo e liberal era adepta de minimizar o alcance e insistir na eficácia reequilibrante dos mercados.

A confrontação dessas diversas teorias com o acontecimento logo se revela bastante difícil, pois o alcance da derrocada colocava uma série de problemas específicos – as teorias catastróficas que previam essas convulsões precisavam explicar por que elas haviam ocorrido em 1929, enquanto as teorias que postulavam o retorno de ciclos precisavam explicar a violência e a generalização da Grande Depressão. Não bastava, portanto, *aplicar* uma teoria das crises; era preciso adaptar a busca por causas à escala e ao calendário do abalo.

Este tinha, além do tamanho, inúmeros traços característicos, sendo dois bastante problemáticos. Primeiro, o *boom* dos anos 1925-1929 não fora acompanhado por uma alta dos preços e, pelo contrário, a baixa constatada de 1929 a 1932 havia sido iniciada em 1925-1926. Segundo, havia uma ausência de respostas dos agentes econômicos, tanto durante a fase descendente do ciclo quanto durante sua estabilização a um nível muito baixo (a depressão propriamente dita), aos estímulos monetários decorrentes de uma taxa de desconto mantida muitas vezes muito baixa (1 ou 1,5%).

No entanto, a busca por traços similares ou não similares logo perdeu sua importância no desastre com a "polarização" do debate.

2. A oposição entre L. Robbins e E. Varga

O famoso livro do economista inglês Lionel Robbins, *The Great Depression, 1929-1934*, ilustra à perfeição a opção liberal. Ele atribui a gravidade da crise sucessivamente à rigidez e às instabilidades do pós-guerra e às políticas errôneas seguidas para se oporem a uma liquidação julgada inevitável. A ortodoxia retrospectiva o fez condenar todas as tendências herdadas da economia de guerra que impedem o livre jogo de forças do mercado, bem como o aumento dos controles e acordos relacionados à determinação dos salários (sindicatos, negociações coletivas). Ele também dá grande importância às desordens dos anos 1920, principalmente no âmbito financeiro e monetário, que conheceu inovações perigosas (crédito ao consumo). Porém, a argumentação mais notável deriva de uma ortodoxia prospectiva: Lionel Robbins considera que toda ação que visa a atenuar o curso da crise, *a fortiori* toda ação contracíclica, só pode agravar as coisas. Ele condena tanto o dirigismo dos preços e das quantidades quanto os estímulos artificiais da conjuntura. Por isso sua visão paradoxal e controvertida da evolução dos preços entre 1926 e 1929: ele a considera... inflacionista, já que os preços baixaram apenas de leve ou permaneceram estáveis, principalmente nos Estados Unidos, enquanto deveriam ter baixado com maior nitidez. Ele atribui essa inércia ao inchaço monetário decorrente de uma política de *open market* permissivo demais. Por outro lado, os esforços de rigor orçamentário depois de 1929 lhe parecem lógicos e sadios.

Mais radicalmente ainda, uma série de economistas – dentre os quais se destaca o francês Jacques Rueff – vê o obstáculo essencial da crise resultar da recusa dos assalariados em aceitar as diminuições de salário: segundo eles, essa rigidez perturba todos os mecanismos comerciais que só funcionam eficazmente com grande flexibilidade de preços, inclusive o do trabalho. A conclusão dessa posição é o famoso conceito de "desemprego voluntário": resultante dos progressos sindicais, o desemprego crônico seria apenas a consequência perversa, no mercado de trabalho, do bloqueio dos reajustes através dos preços (a taxa de salário); seria, portanto, procurado, mesmo se não fosse previsto, pelas organizações e exigências operárias. Por isso as prescrições deflacionistas. À disciplina pública de restrições orçamentárias precisam corresponder baixas de salário, eventualmente autoritárias. A legitimação imediata dessa análise é bastante difícil. Quer os salários subam ou baixem, podemos sempre dizer que eles subiram demais ou que não baixaram o suficiente. A tese não tem, portanto, limites a colocar quanto a suas prescrições antissociais, o que faz convergirem de maneira arrogante o doutrinário e o arbitrário.

No extremo oposto, outro texto é fundamental: *La crise économique, sociale, politique* do economista marxista Eugène Varga, perito do Komintern, também escrito em 1934. Ele distingue duas dimensões nos acontecimentos: há uma crise cíclica "especial", que ocorre tendo como fundo uma crise generalizada do capitalismo. A primeira é analisada segundo os princípios clássicos de acumulação excessiva e de tendência à queda da taxa de lucro. A segunda se revela ao mesmo tempo na monopolização e na globalização das relações capitalistas e na emergência do socialismo soviético em construção. Ele mapeia novos elementos: se a depressão crônica agrícola dos anos 1920 tem um aspecto arcaico (afeta acima de tudo produtores autônomos, e não empresas de tipo capitalista), ela revela uma desagregação do mundo camponês; simetricamente, a extensão do crédito e do capital financeiro manifesta a maturidade de um sistema cada vez mais polarizado, no qual as operações monetárias se ajustam perfeitamente às decisões de produção, mas com consequências cada vez mais instáveis e violentas. Nesse ponto, e em outros, a análise de Varga se opõe à tese social-democrata de Hilferding, que colocava o capital financeiro como fator estabilizador no capitalismo evoluído.

A argumentação se une então paradoxalmente à de Lionel Robbins, porém, numa perspectiva oposta: as tentativas estatais para evitar as ruínas bancárias e regularizar a produção lhe parecem do tipo a retardar e agravar a crise. É preciso mencionar aqui o pessimismo reinante em 1934. No entanto, Varga deseja a "maturação acelerada da crise revolucionária" assinalando – e aqui há uma tomada de posição política – que a humanidade entra a partir de 1933 numa "depressão de tipo especial", visão estagnacionista muitas vezes proposta na época e aqui de acordo com a inversão estratégica conduzida por Stálin: adiamento da revolução final e aliança frentista com partidos burgueses. Certa confusão transparece no uso da palavra "especial", remetendo, no mínimo, a especificações futuras.

Essas duas interpretações radicais parecem, retrospectivamente, esmagadas pelas questões políticas dos anos 1930. Para além desse dilema, encontramos diversas explicações parciais ou incompletas – uma das mais abertas, sem dúvida alguma, é a de F. Simiand[15]. Com um método baseado na observação sistemática, este se recusa a ver a crise de 1929 como específica: ela seria uma difícil guinada de uma fase constante de expansão para uma fase constante de depressão; as alternâncias dessas fases seriam características na História desde o Renascimento. Sem examinar aqui as explicações derradeiras dessas movimentações (sociais e monetárias, para Simiand), diremos que esse empirismo moderado reintroduz um horizonte no debate, sem postular uma "depressão de tipo especial" nem respostas exacerbadas de um sistema liberal corrompido. Mas trata-se de apenas um quadro de pesquisa pluridisciplinar. Outros autores logo tentaram fazer generalizações, vendo na crise de 1929 a superposição de uma guinada nos movimentos de longa duração (os ciclos Kondratieff), de uma reviravolta num ciclo decenal (Juglar) e de um ciclo menor (Kitchin). Explicação sedutora à primeira vista, mas puramente formal, que enfatiza de maneira bela e simples demais as concomitâncias cronológicas.

IV. Primeira reavaliação: o ano de 1929 à luz da prosperidade do pós-guerra (1945-1980)

1. O impulso keynesiano

A publicação da *Teoria geral*, de Keynes, data de 1936. Ao ler sua obra, é impossível não ficar surpreso: não há nenhum esforço sistemático de explicação de 1929. O

---

15. *Les fluctuations économiques à longue période et la crise mondiale*. Paris: F. Alcan, 1932. (N.A.)

curto capítulo 22, intitulado "Notas sobre o ciclo econômico", com menos de 20 páginas, se propõe simplesmente a relacionar os principais resultados do livro às teorias dos ciclos. Sem esquecer as frequentes e muitas vezes provocativas intervenções de Keynes durante a crise, como *expert* e jornalista, devemos considerar que sua contribuição explicativa está em grande parte implícita e consiste em transformar os termos do debate – é por isso que, seguindo a obra de A. Barrère[16], falaremos aqui em impulso keynesiano. Pai da macroeconomia moderna, Keynes concebeu uma teoria econômica em grande parte instrumental que renova a apresentação das relações econômicas, evitando pensar por mercados para pensar por funções (investimento, consumo) e por circuitos.

Ele recusa a Lei de Say, postulada pela economia ortodoxa – que afirma que "toda oferta cria sua própria demanda" e, portanto, que nenhuma superprodução constante é concebível num sistema de mercados funcionando sem perturbação, porque toda produção provoca um fluxo de rendimentos (salários, lucros) que permite seu escoamento –, não por constatar as dificuldades cíclicas, mas por observar que a poupança pode constituir uma "fuga" no circuito, pois adia uma despesa e não necessariamente é investida. Decorre disso o conceito-chave do keynesianismo, o do equilíbrio do subemprego, que designa uma configuração estável dos preços e das quantidades de uma economia, mas

---

16. DELFAUD, P., *Keynes et le keynésianisme*. Paris: PUF, "Que sais-je?" (nº 1686). Cf., por outro lado, os artigos reunidos em KEYNES, J.M., *Essais sur la monnaie et l'économie*. Paris: Payot, 1966, e BARRÈRE, A., *Théorie économique et impulsion keynésienne*. Paris: Dalloz, 1952. (N.A.)

que é acompanhado pelo desemprego. Essa "revolução copérnica", segundo seu próprio autor, tem a vantagem de continuar a teorizar as interdependências econômicas em termos de equilíbrio, mostrando ao mesmo tempo como elas podem resultar em desequilíbrio contínuo no mercado de trabalho (desemprego crônico, acima de tudo), o que concentra a teoria keynesiana na prolongada depressão britânica dos anos 1920 ou na conjuntura mundial de 1932-1936.

A lógica da apresentação em termos de circuito macroeconômico é a recusa do jogo de interdependências microeconômicas entre agentes individuais, para estabelecer a primazia dos ajustes globais em termos de quantidades sobre os ajustes por preço, conforme ilustrado pela famosa teoria elementar do multiplicador. Keynes retoma o mecanismo estabelecido por Kahn em 1931; porém, em vez de pensar em ondas sucessivas de emprego desencadeadas por um impulso inicial, ele pensa em termos de receita nacional e de crescimento dessa mesma receita.

O mecanismo pode funcionar de maneira inversa, e seria essa a explicação das dificuldades enfrentadas pelo capitalismo moderno. As poupanças acumuladas numa sociedade rica favorecem uma "demanda de liquidez", da moeda por ela mesma, que perturba o financiamento dos investimentos e faz prever uma demanda fraca. Quando os empresários comparam as rentabilidades dos projetos de infraestrutura com as taxas de juros que estão amplamente ligadas à "preferência pela liquidez", eles podem eventualmente renunciar a certos investimentos. A sociedade rica entra então numa depressão cumulativa e crônica, sem perspectiva de reerguimento a longo prazo.

O esboço desses temas maiores do keynesianismo permite entender sua contribuição: nele há uma síntese de diversas explicações parciais – encontramos o subconsumo, a saturação dos mercados bloqueadora da instigação para investir, a influência perturbadora da moeda –, mas trata-se de uma síntese aberta e ativa, que repudia o determinismo e convoca à experimentação sistemática.

As tomadas de posição de Keynes entre 1920 e 1936 contra a deflação, pela desvalorização, pela estimulação do poder de compra e contra o padrão-ouro não tiveram um poder mobilizador imediato, talvez por sua inegável dimensão provocativa: o padrão-ouro é uma "relíquia bárbara" (1923); é preciso denunciar, durante as tentativas deflacionistas inglesas, "o estado de histeria e perda de senso de responsabilidade no qual os membros do gabinete acabaram se colocando" (1931); é preciso estimular o gasto, "ou então vocês, donas de casa cheias de patriotismo, cheguem às ruas amanhã desde a primeira hora e visitem esses maravilhosos saldos que a publicidade anuncia em toda parte. Vocês farão bons negócios, pois nunca as coisas estiveram tão em conta, a um ponto que vocês não poderiam sonhar... E ofereçam, além do mercado, a alegria de dar mais trabalho a seus compatriotas, de acrescentar à riqueza do país colocando em marcha atividades úteis..." (discurso radiofônico, 1931).

A *Teoria geral* traz assim a justificativa *a posteriori* de uma política econômica ativa e sua canalização em direção a uma política quantificada de intervenção conjuntural capaz de aproximar boa parte das correntes liberais e dos partidários de reformas profundas do capitalismo. O objetivo estatal passa a ser o pleno emprego, e a tarefa dos poderes públicos é sustentar uma situação constantemente próxima do *boom*, utilizando sobretudo três meios: primeiro, déficits orçamentários que injetam recursos no circuito e reanimam diretamente a atividade; segundo, uma política de baixa taxa de lucro, evitando as restrições monetárias; por fim, uma política de redistribuição que privilegie o poder de compra das camadas menos favorecidas, que têm uma forte "propensão para consumir" e poupam pouco – o que justifica os sacrifícios de proteção aos desempregados e de construção da Previdência Social.

Pouco importa, nessa perspectiva, o jogo exato das forças que conduziram à crise e sua extensão ao resto do mundo. Com ela, entendemos melhor a relativa desenvoltura de Keynes a propósito do ciclo econômico iniciado em 1920. Em grande parte virado para o futuro e a previsão, o impulso keynesiano dissolve ao mesmo tempo o determinismo dominante em 1930-1935 e a urgência do debate causal.

2. Os erros de política monetária

A explicação de Milton Friedman é formulada em oposição direta à de Keynes e seus discípulos. Escrita com Anna Schwartz, sua *Monetary History of the United States* (1963) contém um extenso capítulo 7 de 129 páginas, considerado além-Atlântico um texto fundamental sobre a crise de 1929.[17] No entanto, a tese já havia sido formulada em 1944-1946, por Clark Warburton, em alguns artigos que a *História monetária* enaltece.

---

17. FRIEDMAN, Milton e SCHWARTZ, Anna, *A Monetary History of The United States, 1867-1960*. NBER, 1963. (N.A.)

Evidenciamos a insistência keynesiana sobre uma teorização da economia em termos de circuito, justificada pela rigidez de certos preços a curto prazo. O monetarismo consiste em defender a opinião contrária, afirmando que a flexibilidade dos preços é suficiente quando não fica entravada por intervenções públicas e que a análise em termos de rendimentos deve ser complementada por uma análise em termos de riqueza, de patrimônio. Essas duas inversões restabelecem o forte potencial de estabilidade do sistema e retomam uma análise por mercados. Assim, todos os movimentos cumulativos apresentados na descrição da crise ou na descrição do multiplicador são, segundo essa linha, estudados de maneira bastante incompleta: quando os preços baixam, é bom para o comprador que dispõe de um poder de compra que pode repercutir em outros setores da economia. O *crash* da Bolsa, por exemplo, arruína os vendedores de ações e enriquece aqueles que compram ao baixo nível das cotações. Como a todo vendedor corresponde um comprador, um processo reequilibrante deveria iniciar a curto prazo. As recessões normalmente devem ser reabsorvidas com rapidez. Por isso a insistência na política monetária: as intervenções orçamentárias ou dirigistas são energicamente condenadas por essa corrente de pensamento, que insiste na necessária regularidade da oferta de moeda, que é da competência dos poderes públicos e contribui para a estabilidade da expansão. Trata-se, em geral, de uma antipolítica, pois ela se limita a formular uma regra, a estabelecer uma barreira às autoridades monetárias quando estas determinam, por suas intervenções de desconto e de *open market*, por exemplo, o estoque de moeda de um país.

Consequentemente, o diagnóstico monetarista a propósito de 1929 é duro: a política inepta do Federal Reserve System, isto é, dos responsáveis pela política monetária americana, transformou uma simples recessão em catástrofe mundial. Essa política consistiu em nunca socorrer com eficácia os bancos americanos – e cada vez menos à medida que as dificuldades aumentavam. De fato, a retração da massa monetária nos Estados Unidos de 1929 a 1933 foi de um terço, asfixiando os bancos e as empresas. Essa redução, única na história dos Estados Unidos, é, segundo esses autores, a resultante trágica de mecanismos cumulativos ligados à baixa dos preços, mecanismos que teria sido fácil interromper com uma ação enérgica no *open market* e com empréstimos audaciosos aos estabelecimentos financeiros em dificuldades. A política monetária dos anos 1920, que fora "ativa, vigorosa, confiante em si mesma", é em tudo oposta à de 1929-1933, que foi "passiva, defensiva, hesitante".

Por que essa política "inepta"? A explicação de Friedman e Schwartz tem dois componentes: certa dissolução das responsabilidades monetárias, ligada, por sua vez, à morte em 1928 de Benjamin Strong, presidente do Federal Reserve Bank de Nova York que exercia uma influência determinante sobre o Federal Reserve System. Pequena causa, grandes efeitos: a morte de um homem na origem da extensão mundial da crise! Contudo, outros argumentos reforçam essa teoria, retomados pelos monetaristas Brunner e Meltzer (1968): os responsáveis monetários americanos estavam cientes de praticarem uma política permissiva, de dinheiro fácil, mantendo muito baixa a taxa de desconto, pelo menos até outubro de 1931. Mesmo depois disso, a taxa de 3,5% pareceria moderada em relação às pressões sofridas pelo dólar. Eles se concentram, portanto, nesse indicador e negligenciam a evolução catastrófica do acúmulo de moeda.

A existência de uma política monetária restritiva até outubro de 1931 foi, no entanto, bastante controversa nos Estados Unidos: um livro inteiro do historiador P. Temin foi dedicado a isso[18] e, por sua vez, foi alvo de polêmicas. O início de sua argumentação restaura o ponto de vista keynesiano e consiste em dizer que a retração monetária foi provocada pela retração dos rendimentos.

O complemento lógico da posição monetarista é encontrado na condenação da maior parte das políticas seguidas para sair da depressão, em especial a de F.D. Roosevelt, com exceção da restauração e do reforço das redes bancárias. Assim, quando Friedman e Schwartz examinam o New Deal, eles sugerem que o nível insolitamente baixo dos investimentos privados depois de 1933 se deve acima de tudo às políticas seguidas pelo novo presidente, que reduzem os lucros e regulamentam as iniciativas individuais. Chegamos portanto a um campo minado: o das explicações, monetaristas ou não, sobre o período de 1933-1939. Se uma melhora é constatada, ela pode se dever tanto à confiança recuperada e à retomada decorrente das reformas quanto à potente estabilidade das economias de mercado. Simetricamente, a continuidade das dificuldades pode ter origem tanto nos entraves intervencionistas quanto na falência liberal causadora de novas reanimações e interferências...

---

18. TEMIN, P., *Did Monetary Forces cause the Great Depression?* Norton, 1976. (N.A.)

Há um importante desacordo entre Milton Friedman e Lionel Robbins, apesar da grande concordância na base. Este último interpretava a política monetária americana de 1925 a 1929 em termos de inflação e aprovava as restrições que se seguiram a ela. Existe entre os dois liberalismos a diferença entre um *laisser-faire* que admite – ou busca – flutuações nominais (Robbins) e a afirmação de uma estabilidade a ser imposta tanto a nível de preços quanto no crescimento da massa monetária (Friedman).

3. O sincretismo neokeynesiano

Inúmeras são as pesquisas que, longe de focalizarem exclusivamente as restrições monetárias americanas, integram-nas numa perspectiva mais ampla, cessando com isso de conceder-lhes a preeminência e dando-lhes um papel ativo de intensificação da crise. Se adotarmos o ponto de vista internacional e reexaminarmos os mecanismos concretos observados durante os acontecimentos – se nos interessarmos diretamente pela especificidade da crise –, é inevitável justapormos situações díspares e nos interrogarmos sobre suas interações.[19] Além do monismo não mais convir, as explicações, diferenciando desencadeamento e intensificação da crise, apoiam-se em disparidades em escala mundial e em constatações de desequilíbrios não compensados. O esgotamento dos empréstimos americanos a partir de 1928 – tanto em relação à Europa devedora (Alemanha) quanto

---

19. É o que fazem, com muita similaridade, o economista C.P. Kindleberger em *The World in Depression, 1929-1939*, Penguin Press, 1973, e o historiador P. Fearon em *The Origins and Nature of the Great Slump, 1929-1932*, Macmillan, 1979. (N.A.)

em relação aos países coloniais ou dominados, dependentes desse afluxo de capitais e sobretudo de sua constante renovação – teria sido um estopim da crise, cuja origem seria americana e cuja propagação teria sido rápida porque inúmeros países estavam em situação precária ou entravam em recessão.

A hipótese consiste em distinguir diversos focos de crise, dos quais um seria o dominante: o desmoronamento interno americano, iniciado antes do *crash* da Bolsa e revelado por ele, seria causado por uma combinação de dificuldades de escoamento em mercados importantes (moradia, automóveis) e início de restrições monetárias diante da especulação da Bolsa.

A argumentação é feita, portanto, em três níveis: reviravolta cíclica interna americana, transmissão à economia mundial e paralisia de certo número de países vulneráveis.

A explicação é keynesiana quanto ao desencadeamento – por razões que ainda precisam ser elucidadas, a reviravolta da conjuntura americana foi marcada por uma redução imediata da demanda – e insiste na dimensão monetária de sua intensificação. O enfraquecimento da demanda interna americana não tem explicações simples para além das dificuldades constatadas em alguns mercados. Observa-se que a ausência total de proteção financeira aos desempregados abandonados a si mesmos, à solidariedade familiar e à caridade privada no início dos acontecimentos explica bastante bem a intensificação da situação; porém, a análise do desencadeamento em si muitas vezes remete a temas de subconsumo em duas versões convergentes. Podemos atacar os efeitos de uma distribuição cada vez mais desigual da riqueza, que enfraquece o potencial relativo de consumo popular; podemos também comparar a evolução da produtividade e a dos salários, constatar seu afastamento crescente a favor dos lucros, sublinhar a emergência das grandes empresas e cartéis, que perturba os ajustes nos mercados. Será preciso então explicar de que maneira essas evoluções, progressivas por natureza, chegaram a um limiar de ruptura.

Mas teríamos chegado ao fim da cadeia causal? O historiador Peter Fearon atribui a precariedade da posição econômica internacional à "loucura, ignorância e confiança excessiva", enquanto o economista C. Kindleberger incrimina a "não simetria" da economia mundial dominada pela potência e pela inexperiência americana. O que todos enfatizam é a dimensão de concorrência desleal do entreguerras.

V. Segunda reavaliação: o ano de 1929 e a nova globalização financeira (1980-?)

A partir dos anos 1980, o abandono do sistema de Bretton Woods e o aumento da revanche dos credores levou a novas preocupações ligadas ao surgimento de um capitalismo financeiro com as mesmas instabilidades potenciais de seu predecessor dos anos 1920. Essa mudança radical de contexto se chocou com a evolução das preocupações e das ferramentas de análise econômica. A passagem ao primeiro plano dos processos de aquisição e de tratamento da informação, de previsão e de aprendizado renovam o estudo das condições e das modalidades de coordenação dos agentes. Estes se encontram em posições muito diferentes no que diz respeito a seus poderes e suas informações. A possibilidade de equilíbrios múltiplos se torna um caso normal de análise, seja tratando-se de mercados financeiros, seja de mercados de produtos ou do trabalho. Esses equilíbrios são eles mesmos, dependendo dos casos, mais ou menos estáveis e respondem mais ou menos eficazmente aos múltiplos choques aos quais podem ser submetidos. A exploração dessa complexidade aproxima um pouco as diversas correntes da economia, pois a estabilidade do sistema se torna mais uma questão de grau do que de natureza. Contudo, ela não elimina as divergências, longe disso. Podemos de fato considerar como normal e benéfica a ascendência da globalização financeira ou, em sentido contrário, acusá-la de risco maior. As implicações da explicação da crise de 1929 são duplas. Primeiro, os contrapesos às finanças foram insuficientes ou excessivos? Segundo, como caracterizar os canais e riscos associados às interdependências monetárias e financeiras?

1. É pouco ou demais? O papel da "institucionalização dos salários"

Uma análise francesa original[20], elaborada no fim dos anos 1970, interessada nos limites encontrados pelo capitalismo resultante de Bretton Woods, na confluência de diversas disciplinas – história, economia e sociologia – e em diversas opções teóricas que combinam neomarxismo e elementos pós-keynesianos, centrou-se no poder insuficiente das instituições que representavam os assalariados durante o entreguerras.

---

20. AGLIETTA, M., *Régulation et crises du capitalisme*. Calmann-Lévy, 1976, e BOYER, R., "Les salaires en longue période". *Économie et statistique*, n° 103, 1978. (N.A.)

Ela parte de duas oposições simétricas. Primeiro, entre mais-valia absoluta e mais-valia relativa – conceitos de origem marxista que designam as duas maneiras capitalistas de administrar o trabalho operário. A primeira consiste em disponibilizar sobretrabalho, prolongando o tempo da jornada de trabalho para além dos custos compensados pela reprodução operária. A segunda consiste, através de sacrifícios de produtividade, em baixar o valor daquilo que é necessário fornecer ao operário para ele viver. Com isso, dentro de certos limites, o crescimento da mais-valia é compatível com uma melhora das condições da vida operária. Essa "dobradinha" é encontrada na organização social do trabalho: de um lado, o taylorismo, racionalização do esforço operário com vistas a eliminar os períodos de inatividade, o que equivale a um prolongamento do tempo de trabalho; de outro, o "fordismo", baseado na busca sistemática de ganhos de produtividade nos bens de consumo de massa com tendência a um trabalho contínuo semiautomatizado (a "cadeia"). Conforme a dominante taylorista ou fordista, também podemos falar em acumulação extensiva ou intensiva: a primeira se desenvolve pela generalização do regime salarial às camadas não assalariadas; a segunda se desenvolve de maneira interna, adaptando entre si processos de produção e de consumo.

A passagem de uma dominante à outra teria acontecido nos Estados Unidos a partir de 1920; na Europa, fundamentalmente depois de 1945. Isso coloca em causa a crise de 1929. Mas uma segunda oposição apresenta a originalidade da análise que examinamos aqui e especifica o papel da Grande Depressão tanto quanto seu desencadeamento. Haveria, característica do capitalismo no século XIX, uma "regulação concorrencial" em oposição à "regulação monopolista" moderna, vigente desde 1945. Um modo de regulação é definido pelo conjunto de formas institucionais que, resultantes de uma dada configuração das estruturas econômicas e das relações sociais fundamentais, consegue garantir uma estabilidade, sempre parcial e provisória, do regime de acumulação em vigor. Trata-se de um conjunto de mecanismos, por exemplo, jurídicos e contratuais, que permitem à sociedade funcionar conforme o grau de acumulação (extensiva ou intensiva) que a caracteriza. Assim, a produção de massa típica da extração da mais-valia relativa supõe uma grande estabilidade dos mercados para que a padronização possa agir. Com isso, as convenções coletivas que determinam os salários por setor em função da produtividade são um dos elementos fundamentais da "regulamentação monopolista", pois garantem que a evolução do poder de compra do operário seja compatível com o desenvolvimento da acumulação.

A crise de 1929 seria então explicada, em sua violência, pelos progressos de acumulação intensiva e de inadaptabilidade de uma regulação ainda em grande parte concorrencial: havia uma tensa separação entre estrutura (econômica) e regulação (social). Os desempenhos da produtividade industrial durante os anos 1920 foram quase sempre brilhantes. Mesmo levando em conta os reajustes decorrentes de 1914-1918 e a desigualdade entre países e indústrias, fica claro que surgia uma divergência entre a evolução dos salários (em progressão fraca e irregular) e da produtividade. A "institucionalização" dos salários fora incompleta e estava atrasada em relação à História. Sem avançar numa interpretação direta em termos de superprodução, a análise enfatiza a dimensão parcial e potencial e opõe as "pequenas crises" às "grandes crises". As primeiras seriam características da regulação concorrencial e teriam algo de automático em suas repetições ao longo do século XIX; em particular, os limites impostos à criação monetária serviam de "amortecedor" durante cada período de expansão. As segundas, ao contrário, marcariam a passagem aleatória de uma regulação à outra, processo aberto, não determinista na medida em que estão em causa inúmeras transformações em âmbitos muito diferentes uns dos outros. A crise de 1929 teria, portanto, conservado muitos traços típicos das crises periódicas do século XIX, mas teria revelado, em sua intensificação e depressão duradoura, a ineficiência da "purga" tradicional, pois os mecanismos de retorno à expansão não funcionavam mais e produziam inclusive efeitos inversos aos esperados. Por isso a penosa experimentação tateante, que permite a instauração de expedientes ambíguos (o recuo protecionista, a contenção de certas produções, a retomada pelos armamentos) e de reorganizações que se revelariam mais duradouras (a centralização do controle bancário, a Previdência Social, as convenções coletivas). Mais duradouras, porém não eternas: a questão do pós-fordismo mobilizou, nessa perspectiva, inúmeros trabalhos sobre o futuro do capitalismo sacudido pelos choques petrolíficos.

O fim da regulação concorrencial supõe novas formas de enquadramento das atividades comerciais e implica a crispação de uns em relação a regras de jogo inoperantes diante das iniciativas dirigistas de outros. A crise de 1929 foi, sob esse ponto de vista, uma reviravolta que as terapêuticas keynesianas não conseguiriam impedir. Para compensar a queda conjuntural nos Estados Unidos, teria sido necessário aceitar um déficit estatal representando 50% do orçamento público! Semelhante ajuste seria evidentemente impensável. O que não impede, por outro lado, considerar que, por certo tempo, as propostas keynesianas foram parte da solução pertinente, construída às apalpadelas e instaurada em 1945 em torno da hegemonia americana.

Uma perspectiva inversa, ao que parece estabelecida independentemente desses trabalhos, manifesta-se a partir de 1999, principalmente nos Estados Unidos, mas com uma aplicação na França: o poder dos assalariados, mesmo enfraquecido nos anos 1920, era de fato excessivo devido às vantagens obtidas durante a Primeira Guerra Mundial. Desde então, um equilíbrio corrompido teria se instalado entre práticas coletivas e centralizadas demais de negociações salariais e empresas de tamanho sempre crescente e de poder de monopólio excessivo – equilíbrio estabelecido em prejuízo dos desempregados. Essa perspectiva pode então explicar por que o período pós-Segunda Guerra Mundial conheceu um crescimento rápido com sindicatos ainda mais poderosos.

2. Choques e equilíbrios múltiplos, risco de sistema

Essas explicações absolutamente reais precisam, no entanto, levar em conta os ajustes e as propagações monetárias e financeiras. O debate anterior ocorre, sob uma forma bem menos radical, entre autores que se concentram em um segmento de instabilidade e de propagação, por mais amplo que seja, e aqueles que insistem na dimensão global da instabilidade. A ideia-chave é, portanto, a de equilíbrios múltiplos: as interações dos diferentes atores podem conduzir a diversas configurações dos mercados, estabelecidos em níveis muito diferentes, que podem se manter mesmo quando não são convenientes para a coletividade.

O ponto continua sendo saber por que uma reviravolta conjuntural em linhas gerais banal levou a uma derrocada mundial. Uma série de trabalhos se centraram num culpado fundamental: o regime do padrão-ouro. A dominante do esquema explicativo é keynesiana: tudo começa com uma grande queda de preços e da produção nos Estados Unidos, que vive uma queda da demanda. O padrão-ouro tem um duplo papel na transmissão e na intensificação da recessão, primeiro pelos obstáculos que impõe tanto aos Estados Unidos quanto aos demais países e, segundo, pela mentalidade dos responsáveis pela política monetária da época, desejosos de preservar a confiança através da deflação. Esses "entraves dourados", para retomar a expressão utilizada por Barry Eichengreen[21], levaram os governantes a recorrer a diminuições de salário e à redução dos déficits, reforçando as falências e a desconfiança, o que conduz a medidas ainda mais deflacionistas. No entanto, os países que conseguiram reimpulsionar a atividade no entreguerras são aqueles que logo abandonaram o padrão-ouro.

Essa argumentação está baseada implicitamente nos mecanismos tradicionais, no que diz respeito ao desencadeamento da crise, e supõe uma grande passividade dos operadores monetários e financeiros nacionais. É por isso

---

21. EICHENGREEN, B., *Golden Fetters. The Gold Standard and the Great Depression, 1919-1939*. Oxford University Press, 1992. (N.A.)

que, acima dessa propagação pouco contestada, o debate foi retomado em relação à dimensão financeira interna da Depressão. Os trabalhos de Ben Bernanke[22] e outros permitiram a ênfase no "choque monetário" que desembocou num estrangulamento do crédito (*credit crunch*), primeiro nos Estados Unidos, mas também nos demais países desenvolvidos. A crise bancária coloca em atrito estabelecimentos de crédito fragilizados pela desconfiança de seus próprios credores e depositantes, o que os deixa mais reticentes a conceder empréstimos a empresas igualmente em dificuldades. A assimetria de informação passa então para o primeiro plano, o que, no caso do sistema bancário americano cujo caráter fragmentado analisamos, paralisou a economia. Nem mesmo as empresas com projetos de investimentos rentáveis estavam em posição de obter créditos.

Essas explicações confirmam a retomada e a reformulação de análises feitas à época. Fechando o círculo no quadro mundial atual, que retoma alguns traços cruciais dos anos 1920 e 1930, Barry Eichengreen sugeriu no início dos anos 2000 vermos a Grande Crise como "um *boom* de crédito que deu errado". Semelhante enfoque na pré-crise enfatiza a instabilidade monetária e financeira de todo o regime de crescimento. Ela recupera os trabalhos que, nos anos 1980, insistiram sobre a estabilidade estrutural da economia capitalista mundial, especialmente os de Hyman Minsky.[23] Essa corrente de pensamento é organizada em

---

22. BERNANKE, B., *Essays on the Great Depression*. Princeton University Press, 2000. (N.A.)

23. MINSKY, H., *Can it happen again? Essays on Instability and Finance*. Sharpe, 1982. (N.A.)

torno do conceito de risco sistêmico, do qual a crise de 1929 é um exemplo importante. Os pânicos bancários e o estrangulamento do crédito podem conduzir a reações em cadeia (efeito dominó); ou então a ocorrência simultânea de vários eventos desestabilizadores não permite que mais do que um grupo se organize para responder a eles. O risco sistêmico é, portanto, "a eventualidade de que surjam estados econômicos nos quais as respostas racionais dos agentes individuais aos riscos que eles percebem, longe de conduzirem a uma melhor divisão dos riscos por diversificação, levam à elevação da insegurança geral".[24] Um triângulo então se esboça na macroeconomia financeira entre os riscos decorrentes da volatilidade das cotações da Bolsa, da crise dos sistemas de pagamento e dos bloqueios do crédito. Seu jogo simultâneo leva ao recuo deflacionista e ao cada um por si, ou seja, à explosão. Uma assimetria particular, sob esse ponto de vista, caracterizou os anos 1920 e 1930: o padrão-ouro era de fato regulado pelo Banco da Inglaterra, instituição enfraquecida, enquanto o aumento do poder do dólar não era levado em conta. Essa situação é reencontrada no início dos anos 2000. Um "semi padrão-ouro" coexiste com a emergência do euro e do yuan chinês. Esse policentrismo monetário, aliado a outros desequilíbrios da economia mundial, define uma situação tão instável como a do entreguerras. A grande diferença está na capacidade de ajuste preventivo de que os bancos centrais dispõem nos grandes países. Ele se manifestou, por exemplo, após o ataque terrorista de 11 de setembro de 2001, quando injeções maciças e imediatas de

---

24. M. Aglietta, *Macroéconomie financière*, t. 2, La Découverte, 2005, p. 37. (N.A.)

liquidez permitiram evitar a desorganização do sistema de pagamentos nos Estados Unidos. Mas será o suficiente para servir de garantia contra qualquer eventualidade?

Conclusão

Violenta e contrastante em seus desdobramentos e resultados, a crise de 1929 fez o mundo ocidental conhecer um declínio comparável ao dos dois conflitos mundiais que lhe servem de moldura. Ao longo de acontecimentos convulsivos, foi a democracia ocidental que se viu em perigo e que depois saiu vitoriosa. É preciso enfatizar o alcance cultural e político do desmoronamento: apesar de soluções imediatas terem sido buscadas no enclausuramento nacionalista e em medidas antiprodutivas, não podemos conceber o crescimento pós-1945 sem os progressos da pressão popular e da proteção social. As negociações internacionais que resultam no desarmamento alfandegário de 1948 são próprias de Estados profundamente envolvidos na gestão da conjuntura econômica nacional, pouco preocupados em deixar correr sem controle supostos automatismos liberais, apesar de terem desejado liberar as trocas externas. No entanto, esse mundo desfinanceirizado foi efêmero. As incertezas atuais levam cada vez mais a um novo questionamento sobre a Grande Depressão. Uma profunda marca psicológica restou desse período, mesmo nos países relativamente poupados. Para além dessa dimensão afetiva, seria inútil ficar tranquilo, tanto quanto celebrar a "prosperidade" de 1945 a 1974 como uma idade de ouro: o devir dramático do Terceiro Mundo durante esse período, a constância da pobreza e da exclusão em plena abundância, as destruições ecológicas muitas vezes irreversíveis precisam ser lembradas. Neste início de milênio, uma forte corrente internacional faz a promoção dos bens públicos mundiais, prioritária em escala planetária. Dois são diretamente resultantes da dura lição dos anos 1930: a estabilidade financeira internacional e a necessidade de uma governança de empresa, ligando a propriedade e o controle das empresas, para além de seus acionários, ao conjunto de atores que as fazem viver.

BIBLIOGRAFIA RESUMIDA

Início e contexto

GALBRAITH, J.K. *La crise économique de 1929*. Paris: Payot, 1961.

GILLES, P. *Histoire des crises et cycles économiques: crises industrielles du XIXe siècle, financières du XXe siècle*. Paris: Armand Colin, 2004.

KEYNES, J.M. *Essais sur la monnaie et l'économie*. Paris: Payot, 1972.

MARCEL, B.; TAÏEB, J. *Les grandes crises, 1873-1929-1973*. Paris: Armand Colin, 2005.

ROSIER, B. *Les théories des crises économiques*. Paris: La Découverte, 2003.

Aprofundamento

BERNANKE, B. *Essays on the Great Depression*. Princeton (NJ): Princeton University Press, 2000.

BOYER, R.; MISTRAL, J. *Accumulation, inflation, crises*. Paris: PUF, 1978.

EICHENGREEN, B. *Golden Fetters. The Gold Standard and the Great Depression, 1919-1939*. Oxford: Oxford University Press, 1992.

FEARON, P. *The Origins and Nature of the Great Slump, 1929-1932*. Londres: MacMillan, 1979.

FRIEDMAN, M.; SCHWARTZ, A. *A Monetary History of the United States, 1867-1960*. Cambridge (Mass.): NBER, 1963.

KINDLEBERGER, C.P. *The World in Depression, 1929-1939*. Londres: Allen Lane the Penguin Press, 1973.

ROBBINS, L. *La Grande Dépression, 1929-1934*. Paris: Payot, 1935.

TEMIN, P. *Did Monetary Forces cause the Great Depression?* Nova York: Norton, 1976.

VARGA, E. *La crise économique sociale politique*, (1935). Paris: Éditions Sociales, 1976.

lepmeditores

www.lpm.com.br
o site que conta tudo

Impresso na Gráfica BMF
2023